Die Bedeutung flexibler Arbeitszeiten für die Generation Y

Wie Unternehmen moderne Arbeitszeitmodelle richtig einsetzen

Bibliografische Information der Deutschen Nationalbibliothek:

Die Deutsche Nationalbibliothek verzeichnet diese Publikation in der Deutschen Nationalbibliografie; detaillierte bibliografische Daten sind im Internet über http://dnb.d-nb.de abrufbar.

Impressum:

Copyright © Science Factory 2021

Ein Imprint der GRIN Publishing GmbH, München

Druck und Bindung: Books on Demand GmbH, Norderstedt, Germany

Covergestaltung: GRIN Publishing GmbH

Abstract

Aufgrund des demographischen Wandels und des Fachkräftemangels in Deutschland, müssen Unternehmen besonders für die jüngere Arbeitsbevölkerung Anreize setzen. Vor allem die Mitglieder der Generation Y, die von 1981 bis 2000 geboren sind, legen auf eine ausgewogene Work-Life-Balance Wert. So können flexible Arbeitszeitmodelle nicht nur auf Arbeitgeberseite die Unternehmensattraktivität erhöhen, sondern auch auf Arbeitnehmerseite Zufriedenheit im Beruf schaffen. Deshalb untersucht diese Arbeit die Nutzung und den Stellenwert dieser Modelle mit Fokus auf die Generation Y. Die existierende Literatur zum Themengebiet der Arbeitszeit wird aufgeführt, sowie zu berücksichtigende rechtliche Rahmenbedingungen und verschiedene flexible Arbeitszeitmodelle erläutert. Außerdem werden die aktuell berufstätigen Generationen abgegrenzt, wobei die Generation Y genauer analysiert wird. Zusätzlich werden Studien in Bezug auf den Stellenwert und die Nutzung von flexiblen Arbeitszeiten vorgestellt werden. Diese Arbeit enthält zudem die Analyse einer Studie mit 40 Untersuchungspersonen, die im Vorfeld eigenständig erhoben worden ist. Die Forschungsergebnisse erlauben anzunehmen, dass die Generation Y verschiedene flexible Modelle nutzt und diese eher starren Varianten vorzieht. Zuletzt wird eine Handlungsempfehlung gegeben und ein Konzept zur Einführung des flexiblen Arbeitszeitmodells der Gleitzeit ausgearbeitet.

Inhaltsverzeichnis

Abbildungsverzeichnis

Tabellenverzeichnis

Abkürzungsverzeichnis

Abs.	Absatz
ArbZG	Arbeitszeitgesetz
BGB	Bürgerliches Gesetzbuch
BetrVG	Betriebsverfassungsgesetz
EU	Europäische Union
S.	Satz
TVG	Tarifvertragsgesetz

1 Einleitung

Im einleitenden Kapitel wird auf die Thematik der flexiblen Arbeitszeitmodelle und deren Relevanz sowohl für Arbeitnehmer, als auch Arbeitgeber eingegangen. Des Weiteren wird die Aktualität des Themas mit Bezug auf Wirtschaft, Politik und Gesellschaft betrachtet. Im Anschluss werden Motivation und Ziel dieser Bachelorarbeit aufgezeigt, sowie der Aufbau der Arbeit genau erläutert.

1.1 Ausgangssituation

„Stechuhr und Präsenzpflicht haben ausgedient."[1]

Bis Anfang der achtziger Jahre war die feste Verteilung der Arbeitszeit und -dauer ein gängiges Vorgehen von Gewerkschaften und Arbeitgebern, um in diesem Rahmen Aufgaben der Mitarbeiter möglichst effizient aufeinander abzustimmen.[2] Meist waren Abweichungen oder Veränderungen von diesen Strukturen kaum oder nur schwer möglich.

Dieses Grundkonzept hat sich besonders in den letzten Jahren deutlich verändert. Heutzutage ist die Fähigkeit, flexibel auf Wirtschaftsschwankungen und individuelle, kurzfristige Kundenwünsche eingehen zu können ein zentraler Wettbewerbsfaktor für Unternehmen. Zunehmender Wettbewerbsdruck auf internationalen und nationalen Märkten, sowie der stetige Wandel der Gesellschaft und Wirtschaft zwingen Firmen dazu Kosten zu reduzieren, gleichzeitig aber Profit zu maximieren und die Effizienz der Produktion zu gewährleisten.[3] Unternehmen können ihre Wettbewerbsfähigkeit unter anderem durch flexiblere Gestaltung der Arbeitszeiten verbessern. Dies kann sowohl eine Folge ihrer akuten Wettbewerbsbedürfnisse sein, als auch eine Reaktion auf Trends des Arbeitsmarktes. Aufgrund demographischer Entwicklungen und einer damit verbundenen derzeit älteren Erwerbsbevölkerung, müssen Unternehmen flexible, altersgerechte Arbeitszeitmodelle für nachwachsende Generationen anbieten. Außerdem kann zeitliche Flexibilität für potenzielle neue Mitarbeiter Anreiz sein. Durch den Wertewandel in der Gesellschaft ist eine flexible Arbeitszeitgestaltung vor allem für jüngere Arbeitnehmer ein ausschlaggebendes Attraktivitätsmerkmal potenzieller Arbeitgeber. Des Weiteren bringen radikale Veränderungen der Informations- und Kommuni-

---

[1]   *Astheimer, S.*, Vertrauen, 2012, S. 1.
[2]   Vgl. *Nicolai, C.*, Personalmanagement 2009, S. 191.
[3]   Vgl. *Scholz, C.*, Neue Arbeitswelt, 2013, S. IX.

kationstechnologien Unternehmen in die Lage, ihre arbeitszeitlichen Strukturen daraufhin anzupassen. Arbeitgeber können Mitarbeitern durch den Einsatz verschiedener, flexibler Arbeitszeitmodelle eine klare Trennung von Privat- und Berufsleben ermöglichen und somit negativen Entwicklungen der Digitalisierung entgegenwirken.[4] Die Digitalisierung bietet, trotz den allgemeinen Nachteilen wie Gefahr durch Cyberkriminalität und erhöhten Kosten, Vorteile bei der Gestaltung von flexibler Arbeitszeit. Durch zahlreiche neue Kommunikationswege gibt es mehr Möglichkeiten, Flexibilität in den Arbeitsalltag der Mitarbeiter zu integrieren. So nutzen beispielsweise über 80 % der Arbeitnehmer in Deutschland digitale Informations- und Kommunikationstechnologien, was die Entwicklung hin zu einer digitalen Arbeitswelt verdeutlicht. Da die Digitalisierung in Zukunft Arbeitsformen und Arbeitsbedingungen verändern wird, ist es für Unternehmen wichtig, nicht nur die technologischen Grundlagen aufzubauen, sondern auch die notwendigen Arbeitsbedingungen zu schaffen.[5] Um den aufgeführten, sich kontinuierlich verändernden Anforderungen des Wettbewerbs und des Arbeitsmarktes gerecht zu werden, ist die flexible, zeitliche Einteilung der Arbeitskräfte deshalb einer der wichtigsten Bestandteile der Bereiche Personaleinsatz und Personalerhaltung, mit der Zielsetzung von Mitarbeitergewinnung und -bindung.

Die Arbeitszeit ist ein wesentliches Element in Beschäftigungsverhältnissen, denn sie ist ein Hauptbestandteil der Gehaltsfindung.[6] So müssen bei der Planung geeigneter Arbeitszeitmodelle für die Beschäftigten die Interessen der verschiedenen Parteien, sowohl die der Arbeitgeber, als auch die der Arbeitnehmer, berücksichtigt werden. Aus der Perspektive der Angestellten soll sich mit der Inanspruchnahme flexibler Arbeitszeit das Privat- und Berufsleben besser vereinen lassen. Dies sorgt für mehr Zufriedenheit der Mitarbeiter und stellt einen entscheidenden Faktor bei der Arbeitgeberwahl dar, besonders für hochqualifizierte Arbeitskräfte.[7] In dieser Arbeit wird auf Arbeitnehmer der Generation Y genauer eingegangen, da für sie die flexible Gestaltung der Arbeitszeit besondere Relevanz hat. Für diese Generation, welche die Jahrgänge von 1981 bis 2000 umfasst, ist die Verbesserung der Lebensqualität, in Form einer ausgeglichenen Work-Life-Balance und persönlichem Wohlbefinden, eines der wichtigsten Ziele. Dagegen stehen bei den vorangehenden Generationen vor allem Jobsicherheit, ein lückenloser Lebenslauf, gehobenes

---

4   Vgl. *Frindte, T., Thalmann, A.,* Umsetzung Arbeitszeitmodelle, 2019, S. 8 ff.

5   Vgl. *Bundesministerium für Arbeit und Soziales,* Digitalisierung, 2017, S.7 ff.

6   Vgl. *Piele, C., Piele, A.,* Flexibilitätsanforderungen, 2018, S. 13.

7   Vgl. *Hellert, U.,* Arbeitszeitmodelle, 2018, S. 11; *Deller, C.,* Evaluation, 2004, S. 2.

Einkommen und materieller Besitz im Fokus.[8] Aus der Sichtweise von Unternehmen haben flexible Arbeitszeiten viele Vorteile und können zum betriebswirtschaftlichen Erfolg beitragen. Durch eine geeignete Planung zeitwirtschaftlicher Rahmenbedingungen können Produktivität, sowie Leistungsfähigkeit und Effizienz der Arbeitnehmer gesteigert werden. Hierbei wird die Verbesserung der Work-Life-Balance der Mitarbeiter zur Schlüsselressource für Arbeitgeber.[9] Vor allem die Arbeitnehmer der Generation Y setzen voraus, dass sich das Arbeitszeitmodell ihrem Leben anpasst. Im Gegensatz zur früheren, verbreiteten Handhabung, müssen Firmen nun diese Veränderung der Lebenseinstellung berücksichtigen und ein flexibles System anbieten.[10] Wie die vorangegangenen Gesichtspunkte zeigen, ist die Gestaltung beziehungsweise Flexibilität der Arbeitszeiten in der jüngeren Vergangenheit ein wesentliches Element für Bewerber, Arbeitnehmer und Arbeitgeber geworden.

Um sich bestmöglich für stetige wirtschaftliche, politische und gesellschaftliche Veränderungen aufzustellen, können Unternehmen durch individuelle Arbeitszeitmodelle die Vereinbarkeit von Beruf, Familie und Freizeit ihrer Arbeitnehmer gewährleisten.[11] Dennoch bieten noch nicht alle Firmen flexible Arbeitszeitmodelle an, wie Abbildung 1 des Instituts der deutschen Wirtschaft zeigt. Rund ein Viertel der Unternehmen in Deutschland bieten ihren Mitarbeitern keine flexiblen Arbeitszeiten an, ein weiteres Viertel nur für eine bestimmte Selektion ihrer Angestellten.

---

8   Vgl. *Mangelsdorf, M.*, 30 Minuten, 2014, S. 37.
9.   Vgl. *Hellert, U.*, Arbeitszeitmodelle, 2018, S. 11; *Deller, C.*, Evaluation, 2004, S. 2.
10   Vgl. *Mangelsdorf, M.*, 30 Minuten, 2014, S. 37.
11   Vgl. *Bundesministerium für Familie*, Gemeinsame neue Vereinbarkeit, 2017, S. 6.

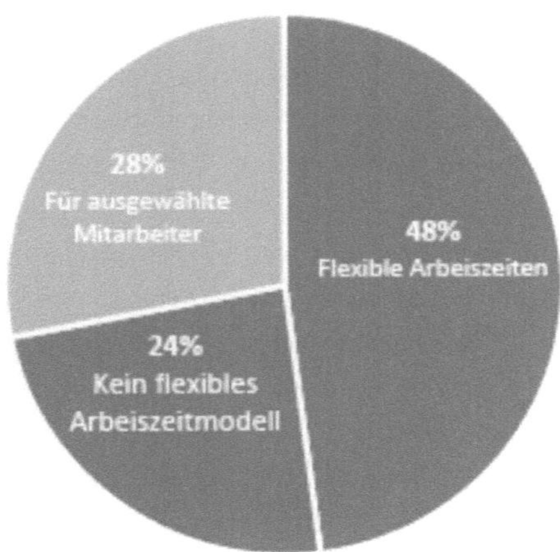

Abbildung 1: Wie viele Unternehmen bieten flexible Arbeitszeiten an?
Quelle: In Anlehnung an Institut der deutschen Wirtschaft, Flexibel handhaben, 2014,
o. S.

Da fast 50 % der Arbeitgeber verschiedene flexible Arbeitszeitmodelle anwenden, gibt es kein einheitliches Arbeitszeitmuster mehr. Aufgrund von unterschiedlichen Organisationsstrukturen, Produktionsabläufen, Mitarbeiterinteressen und Erfolgsfaktoren existieren inzwischen viele Arbeitszeitmodelle, als Standardvarianten oder Kombination aus verschiedenen Modellen. Jede Branche und jedes Unternehmen muss die Arbeitszeitgestaltung für sich erfolgreich umsetzen und den eigenen Anforderungen und Umständen, seine Unternehmenskultur und seine Unternehmensziele eingeschlossen, anpassen.[12]

Die Aktualität und Relevanz der Thematik zeigt sich ebenso in der Politik, sowohl auf Bundes-, als auch auf europäischer Ebene, die Handlungsbedarf bezüglich der Gestaltung von Arbeitszeitmodellen sieht. So hat beispielsweise die Europäische Kommission 2017 die Erstellung des Grünbuchs veranlasst, welches als Grundlage für politische Diskussionen dient und als Hilfestellung zur Anpassung von gesetzlichen Arbeitszeitrichtlinien gedacht ist.[13] Die darauffolgenden öffentlichen Debatten, sowie die aktuelle Realität im Unternehmensalltag haben den Europäischen Gerichtshof im Mai 2019 zu einem Urteil bezüglich der Arbeitszeitthematik gedrängt. Alle Arbeitgeber der EU-Mitgliedsstaaten sollen zukünftig verpflichtet

---

[12] Vgl. *Hellert, U.*, Arbeitszeitmodelle der Zukunft, 2018, S. 61, 72; *Absenger, N. u. a.*, Arbeitszeiten in Deutschland, 2014, S. 1.

[13] Vgl. *EU-Parlerment.*, Grünbuch EU-Richtlinien, 2017, S. 1 ff.

werden, die gesamte Arbeitszeit ihrer Angestellten systematisch zu erfassen. Der Gerichtshof argumentiert, dass ohne ein System der täglichen Arbeitszeitmessung die geleisteten Stunden nicht ermittelt werden können. So kann zum Beispiel aufgedeckt werden, wenn auf der einen Seite Arbeitnehmer zu wenig arbeiten oder aber auf der anderen Seite ihre Gesundheit durch ein zu hohes Arbeitspensum gefährden.[14]

Die Motivation des Verfassers diese Arbeit zu schreiben, ergibt sich aus der oben beschriebenen, aktuellen Relevanz der flexiblen Arbeitszeitgestaltung und persönlichen Erfahrungen. Die Arbeit in Teams mit Kollegen unterschiedlicher Generationen hat immer wieder gezeigt, wie verschieden die persönlichen Einstellungen und Bewertungen zur Verteilung von Arbeitszeit sein können. So ist beispielsweise bei jüngeren Generationen der Freiheitsdrang und Wunsch nach Flexibilisierung der Arbeitszeiten stärker ausgeprägt, als bei älteren Mitarbeitern. Da der Autor der untersuchten Generation Y angehört, erlebt er auch im Bekannten- und Freundeskreis Austausch darüber, welche Arbeitszeitmodelle genutzt werden oder welche Arbeitgeber aufgrund ihres Angebots an Flexibilität am attraktivsten sind. Diese Diskussionen im privaten Bereich, über Vor- und Nachteile der unterschiedlichen Arbeitszeitmodelle, sowie der Wunsch nach Umsetzung einer möglichst ausgewogenen Work-Life-Balance zeigt die aktuelle Bedeutung des Themas. Das persönliche Interesse des Verfassers wird zusätzlich durch die Tätigkeit im Personalwesen und den daraus resultierenden Einblicken auf verschiedene Arbeitszeitmodelle gestärkt. Daher möchte der Autor die Vor- und Nachteile von unterschiedlichen Modellen beleuchten und Möglichkeiten zur flexiblen Arbeitszeitgestaltung analysieren.

1.2 Ziel der Arbeit

Diese Bachelorthesis soll einen Überblick über die Nutzung der flexiblen Arbeitszeitmodelle durch die Generation Y geben. Aufgrund des derzeitigen Fachkräftemangels ist es für Unternehmen schwer, qualifizierte Arbeitnehmer zu finden und vertraglich an sich zu binden. Junge Menschen, die gut ausgebildet in das Berufsleben starten oder bereits erste Erfahrungen im Arbeitsleben gesammelt haben, können helfen diese Diskrepanz auszugleichen. Flexible Arbeitszeitmodelle nehmen für Berufseinsteiger und für Berufserfahrene jeweils einen unterschiedlichen Stellenwert ein. In den letzten Jahren ist vor allem die Generation Y, welche besonders

---

[14] Vgl. *Specht, F.,* Systematisch erfassen, 2019, o. S.

auf Gestaltung einer ausgeglichenen Work-Life-Balance achtet, in den Arbeitsmarkt eingetreten. So ist der Grad an Flexibilität bei der Arbeitszeitgestaltung ein relevantes Kriterium, welches bei der Arbeitgebersuche zwischen konkurrierenden Firmen entscheidend sein kann. Betriebe sollten hierbei möglichst viel Spielraum zur Vereinbarkeit von Berufs- und Privatleben anbieten, gleichzeitig aber auch im Rahmen ihrer Fürsorgepflicht und der gesetzlichen Vorgaben darauf achten, wie ihre Mitarbeiter die verschiedenen flexiblen Arbeitszeitmodelle nutzen.

Zudem ist aus makroökonomischer Sicht eine moderne Arbeitszeitpolitik von enormer Bedeutung, da Arbeitgeberkonstanz für Betriebe kostengünstiger ist und Ressourcen schont beziehungsweise gezielt einsetzt.[15]

Aufgrund der erörterten Relevanz wird auf folgende Forschungsfrage näher eingegangen: „Inwieweit werden flexible Arbeitszeitmodelle genutzt und welchen Stellenwert haben diese aus Sicht der Generation Y?". Ziel ist es zu untersuchen, ob und welche flexiblen Arbeitszeitmodelle vor allem von der Generation Y genutzt werden. Daraus können Handlungsempfehlungen für Arbeitgeber erarbeitet werden, um dem Stellenwert der Thematik bezüglich Arbeitszeitflexibilität möglichst gerecht zu werden. Da sich diese Arbeit mit dem Themenfeld der Zeitwirtschaft und somit dem Bereich des Personalmanagements auseinandersetzt, ist sowohl die Sichtweise des Arbeitnehmers als auch die des Arbeitgebers relevant.

1.3 Aufbau der Arbeit

Um dem Leser den Einstieg in das Thema flexible Arbeitszeitmodelle zu erleichtern, wird im einführenden, ersten Kapitel die Ausgangssituation, sowie die Zielsetzung und der Aufbau der Arbeit beschrieben.

In Kapitel zwei werden die theoretischen Grundlagen und Definitionen dargestellt. Dort wird unter anderem auf die notwendigen rechtlichen Rahmenbedingungen für eine flexible Arbeitszeitgestaltung eingegangen. Des Weiteren wird der Begriff Arbeitszeit untersucht und ausgewählte Arbeitszeitmodelle mit ihren Vor- und Nachteilen dargestellt. Außerdem werden die Charakteristika verschiedener Generationen, mit Fokus auf die Generation Y ausgearbeitet. Anschließend folgt ein Überblick über den aktuellen Stand der Forschung, sowie eine kritische Würdigung des Themas.

---

[15] Vgl. *Geisel, S.*, Arbeitszeiten flexibel gestalten, 2014, S. 177.

Im darauffolgenden Kapitel drei wird die empirische Ausarbeitung erläutert. Diese inkludiert die Darstellung der verwendeten hauptsächlich qualitativen wissenschaftlichen Methodik und das methodische Vorgehen der empirischen Untersuchung. Darauffolgend werden die gewonnenen Erkenntnisse der Befragten zum Angebot diverser Arbeitszeitmodelle ihrer Arbeitgeber ausgearbeitet. Zudem wird auf ihre persönliche Zufriedenheit mit ihrem jeweiligen Zeitmodell, einschließlich ihres Blicks auf mögliche Veränderungen in der Zukunft, eingegangen. Anschließend wird eine Interpretation der erhobenen Daten in Bezug auf den aktuellen Forschungsstand durchgeführt.

Basierend auf diesen Ergebnissen soll daraufhin in Kapitel vier eine konkrete Handlungsempfehlung für Arbeitgeber abgeleitet werden, welche speziell auf ein geeignetes Arbeitszeitmodell für die Generation Y eingeht und ein Konzept für dessen Etablierung vorstellt.

Abschließend folgt in Kapitel fünf eine kurze Zusammenfassung, das Fazit und ein Ausblick über mögliche, zukünftige Entwicklungen.

Aus Vereinfachungsgründen und um die Lesbarkeit zu verbessern, wird in der folgenden Arbeit die männliche Sprachform verwendet, diese schließt stets auch die weibliche Form mit ein.

2 Theoretischer Hintergrund und Forschungsstand

Gegenstand des zweiten Kapitels ist die Ausarbeitung des theoretischen Hintergrunds und des aktuellen Forschungsstands, welche zum Verständnis beiträgt und für die Auswertung der empirischen Untersuchung notwendig ist. Zunächst wird der Begriff der Arbeitszeit näher betrachtet. Um die flexible Arbeitszeit in Unternehmen einzuführen, bedarf es der Berücksichtigung rechtlicher Rahmenbedingungen. Diese sollen genauer anhand der Normenpyramide erläutert werden. Ein weiterer Bestandteil dieses Kapitels sind flexible Arbeitszeitmodelle und deren Gestaltung aus der Sicht der Arbeitnehmer und Arbeitgeber. Da flexible Arbeitszeitmodelle besonders für die Generation Y von Bedeutung sind, wird diese Generation genauer untersucht und von den anderen abgegrenzt. Der aktuelle Stand der Forschung gibt Aufschluss über die Nutzung und den Stellenwert von flexiblen Arbeitszeitmodellen in der Generation Y. Abschließend wird der Theorieteil kritisch beleuchtet.

2.1 Arbeitszeit

Für das Verständnis flexibler Arbeitszeitmodelle ist zunächst die Definition des Begriffes „Arbeitszeit" relevant. Generell lässt sich sagen, dass die Arbeit mit Zeit verbunden ist.[16] Deshalb wird auch im Gesetz die Arbeitszeit als „Zeit vom Beginn bis zum Ende der Arbeit" definiert (§ 2 Abs. 1 ArbZG). Pausenzeiten bleiben in dieser Definition unberücksichtigt. Die Rechte und Pflichten des Arbeitgebers und des Arbeitnehmers werden nach der gesetzlichen Definition und den daraus folgenden Regelungen in einem Arbeitsvertrag festgelegt. Der Arbeitnehmer muss laut Bürgerlichem Gesetzbuch die Arbeit während einer vereinbarten Arbeitszeit verrichten und erhält hierfür vom Arbeitgeber eine entsprechende Vergütung (§ 611 Abs. 1 BGB). Je nach Arbeitszeitregelung kann die vertraglich vereinbarte Zeit auf Tage, Wochen, Monate oder das ganze Jahr verteilt werden.[17]

Historisch gesehen hat ein Bewusstsein für die Regulierung der Arbeitszeit bereits zu Zeiten der Industrialisierung im 19. Jahrhundert eingesetzt. Gerade in der Zeit, als Angestellte in der Regel bis zu 80 Wochenstunden gearbeitet haben, hat die Auseinandersetzung mit dem Thema begonnen. Um diese Überlastung der Arbeitskräfte zu unterbinden, ist im Jahre 1924 die erste Arbeitszeitordnung in Kraft getreten, welche die maximale Wochenarbeitszeit von Volljährigen auf durch-

---

16 Vgl. *Bornewasser, M.,* Arbeitszeit-Zeitarbeit, 2013, S. 18.
17 Vgl. *Hellert, U.,* Arbeitszeitmodelle der Zukunft, 2018, S. 63.

schnittlich 48 Stunden vorgeschrieben hat.[18] 1994 sind diese ersten Bestimmungen durch das bis heute geltenden Arbeitszeitgesetz abgelöst worden. Seitdem wird grundsätzlich für alle deutschen Arbeitnehmer und Arbeitgeber die Arbeitszeit gesetzlich geregelt.[19]

Die Arbeitszeit wird heutzutage zusätzlich als Indikator für die Konjunktur verwendet. Eine hohe Anzahl an geleisteten Arbeitsstunden deutet auf eine gute wirtschaftliche Situation hin, eine vergleichsweise niedrigere Zahl zeigt hingegen eine eher schwache konjunkturelle Lage auf. Somit ist die Beobachtung und Regelung von Arbeitszeiten für Politik und Wirtschaft, sowohl für die Anpassung der allgemeinen Lebensarbeitszeit und des Arbeitsumfangs, als auch für die Analyse wirtschaftlicher Entwicklungen, ein wichtiger Indikator.

Die Arbeitszeit lässt sich laut Literatur chronometrischen und chronologischen Dimensionen zuordnen. Die Chronometrie bezieht sich auf das Arbeitsvolumen und die geleisteten Arbeitsstunden, wie beispielsweise Vollzeit und Teilzeit. Chronologie befasst sich mit der Verteilung der arbeitszeitlichen Lage.[20] Grundsätzlich hat die Arbeitszeit durch die Strukturierung unseres Alltags und den Einfluss auf das Privatleben große Auswirkungen auf unser Leben.[21] Obwohl sie frei verhandelbar ist, hat nicht jeder Arbeitnehmer die gleichen Auswahlmöglichkeiten bezüglich der Chronometrie und der Chronologie. Sie hängen zum Beispiel von Branche, Kundenstruktur, Produktionszeiten, Anstellungsart oder Öffnungszeiten der jeweiligen Betriebe ab. Durch diese Faktoren variiert die Arbeitszeit in Bezug auf Länge, Lage und Flexibilität.[22]

Um allen genannten Faktoren gerecht zu werden und die Organisation der Arbeit sicherzustellen, müssen sich Firmen mit unterschiedlichsten Arbeitszeitmodellen auseinandersetzen. Arbeitszeitmodelle dienen generell zur Festlegung bestimmter Gestaltungselemente im Hinblick auf die Arbeitszeit der Arbeitnehmer. Die meisten Betriebe verfolgen das Ziel die arbeitszeitlichen Strukturen anzupassen, um sowohl den Mitarbeitern als auch sich selbst die geforderte Flexibilität zu ermöglichen.[23] Allerdings müssen bei der Implementierung von Arbeitszeitmodellen

---

[18] Vgl. *Schneider, M.*, Arbeitszeitliche Geschichte, 1984, S. 77 ff.

[19] Vgl. *Arbeits-abc*, Arbeitszeit in Deutschland, 2020, o. S.

[20] Vgl. *Deller, C.*, Evaluation, 2004 , S. 5.

[21] Vgl. *Wöhrmann, A. M. u. a.*, Arbeitszeitreport baua, 2016, S. 24.

[22] Vgl. *ebd.*, S. 107 ff.

[23] Vgl. *Lukas, J.*, Personalpolitik, 2012, S. 172.

genaue rechtliche Rahmenparameter sowie Vorschriften zur Arbeitszeitgestaltung beachtet werden, welche im folgenden Kapitel 2.2 beschrieben werden. Unter Berücksichtigung dieser Aspekte gibt es mehrere Modelle, die den verschiedenen Interessen von Arbeitnehmern und Arbeitgebern entgegenkommen.[24] Einige dieser Arbeitszeitmodelle werden in den Punkten 2.3 bis 2.5 näher betrachtet.

2.2 Rechtliche Grundlagen

Vor Erstellung und Etablierung eines Arbeitszeitmodells muss der Arbeitgeber rechtliche Grundlagen beachten. Der allgemeine Rahmen der Arbeitszeitgestaltung in Deutschland wird von mehreren nationalen Rechtsquellen geregelt.[25]

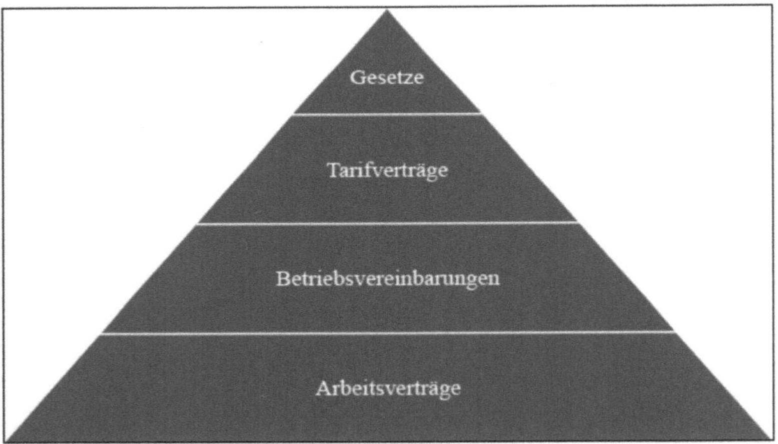

Abbildung 2: Normenpyramide
Quelle: In Anlehnung an Kramer R. und Peter F., Arbeitsrecht, 2014, S. 9

In Abbildung 2 ist die Normenpyramide zu sehen, welche das unterschiedliche Rangverhältnis der einzelnen rechtlich relevanten Normen darstellt. So baut das Arbeitsrecht nicht nur auf den Gesetzen, sondern auch auf Tarifverträgen, Betriebsvereinbarungen und Arbeitsverträgen auf. Sollten auf einen konkreten Einzelfall mehrere Regelungen oder Verträge zutreffen, werden die Normen nach dem Rangprinzip eingeordnet. Dieses besagt, dass grundsätzlich die ranghöhere Norm verwendet wird und somit die rangniedrigere Norm verdrängt. Limitiert der

---

[24] Vgl. *Rowold, J.,* HRM, 2015, S. 79.
[25] Vgl. *Kramer, R., Peter, F. K.,* Arbeitsrecht, 2014, S. 8.

Tarifvertrag zum Beispiel die wöchentlichen Arbeitsstunden auf 39 Stunden, während im Arbeitsvertrag 40 Wochenstunden festgelegt sind, können sich Arbeitnehmer auf den Tarifvertrag berufen. In einzelnen Fällen können aber rangniedrigere Normen durch das Günstigkeits- oder das Spezialitätsprinzip angewandt werden. Hierbei müssen entweder günstigere Bedingungen für den Arbeitnehmer geschaffen werden, oder der eine Vertrag detaillierter und passender formuliert sein als der andere. Ist beispielsweise der Urlaubsanspruch oder das Angebot zur Arbeitszeitgestaltung im Arbeitsvertrag für den Arbeitnehmer attraktiver als in der Betriebsvereinbarung, gilt arbeitsrechtlich der Arbeitsvertrag. Somit bilden die Arbeitsverträge die unterste Ebene der Normenpyramide, gefolgt von den Betriebsvereinbarungen, den Tarifverträgen und an der Spitze den gesetzlichen Bestimmungen.[26]

Die rangniedrigste Norm bilden die Arbeitsverträge, bei denen der Arbeitgeber und der Arbeitnehmer individuelle Vereinbarungen treffen. Die Bestimmung der Arbeitszeit kann durch diese Rechtsquelle geregelt und spezifiziert werden. Jedoch gelten meist die betriebsüblichen, im Tarifvertrag geregelten Arbeitszeiten.[27]

Den zweiten Sockel der Normenpyramide bilden die Betriebsvereinbarungen, bei welchen der Betriebsrat, sofern im Betrieb vorhanden, eine zur Geschäftsleitung gleichberechtigte Mitwirkung bei der Gestaltung von Arbeitszeitregelungen im Unternehmen hat. Der Betriebsrat ist ein von Arbeitnehmern gewähltes Gremium zur Vertretung der Interessen der Beschäftigten gegenüber der Geschäftsleitung. Diese Instanz ist zudem für die Kontrolle der Einhaltung aller gesetzlichen Pflichten eines Unternehmens zuständig. Dazu gehören je nach Situation Mitwirkungsrechte, Mitbestimmungsrechte und Informationsrechte.[28] In Bezug auf die Arbeitszeit ist in § 87 BetrVG festgelegt, dass der Betriebsrat ein Mitbestimmungsrecht hinsichtlich der Arbeitszeitregelungen hat. Ebenso eine vorübergehende Verkürzung oder Verlängerung der betriebsüblichen Arbeitszeiten müsste mit dem Betriebsrat abgestimmt werden.[29] Eine Betriebsvereinbarung ist ein Vertrag, der zwischen Betriebspartnern abgeschlossen wird und „unmittelbar und zwingend" für alle Arbeitnehmer des Betriebes gemäß § 77 Abs. 4 S. 1 BetrVG gilt.[30] Eine geschlossene Betriebsvereinbarung gilt auch dann, wenn sie nicht im Arbeitsvertrag vereinbart

---

26 Vgl. *Kramer, R., Peter, F. K.*, Arbeitsrecht, 2014, S. 8.

27 Vgl. ebd., S. 15.

28 Vgl. *Gründerszene*, Betriebsrat, o. J., o. S.

29 Vgl. *Hellert, U.*, Arbeitszeitmodelle der Zukunft, 2018, S. 64 f.

30 *Kramer, R., Peter, F. K.*, Arbeitsrecht, 2014, S. 14.

ist.[31] Da dieses Gremium zusätzlich noch Unterrichtungsrechte bei der Planung von Arbeitsverfahren, Arbeitsabläufen und Arbeitsplätzen hat, ist seine Berücksichtigung durch die Arbeitgeberseite bei der Einführung eines neuen Arbeitszeitsystems unumgänglich (§ 90 BetrVG).

Als nächsthöhere Normenstufe sind die Tarifverträge, als kollektivrechtliche Regelungen, vertretend für die Rechtsquelle des Tarifvertragsgesetzes (TVG) zu finden. Tarifverträge werden zwischen Gewerkschaften und Arbeitgeberverbänden geschlossen und nehmen auf die individuellen Arbeitsverträge zwischen einzelnen Arbeitgebern und Arbeitnehmern Einfluss.[32] Das Ziel von Tarifverträgen ist die Festsetzung von Rechten und Pflichten für beide Vertragsparteien (§ 1, 2 TVG). So können unterschiedliche Themengebiete hinsichtlich der Arbeitszeit gemeinsam ausgestaltet und festgelegt werden. Diese gelten dann im Einzelfall inhaltlich oder auch als betriebliche Norm. Ein Beispiel hierfür ist die Festlegung der Arbeitszeitdauer unter Berücksichtigung der gesetzlichen Höchstgrenzen. Außerdem können Tarifverträge Bestimmungen über Mehrarbeit, Zuschlagspflichten sowie Regelungen zu Nacht-, Sonn-, und Feiertagsarbeit enthalten.[33]

Die oberste Ebene der Normenpyramide besteht aus den Gesetzen. In Bezug auf die Arbeitszeitthematik ist vor allem das Arbeitszeitgesetz (ArbZG) zu nennen. Ziel des ArbZG ist es, durch festgelegte Höchstarbeitszeiten und Ruhezeiten „die Sicherheit und den Gesundheitsschutz der Arbeitnehmer" bei der Arbeitszeitgestaltung sicherzustellen (§ 1 Abs. 1 ArbZG). Zusätzlich sollen die Rahmenbedingungen für eine flexible Arbeitszeitgestaltung verbessert werden. Das Arbeitszeitgesetz gilt für alle Arbeitnehmer, außer leitendende Angestellte laut § 5 Abs. 3 BetrVG und volljährige Auszubildende. Bei Beschäftigten unter 18 Jahren wird das Jugendarbeitsschutzgesetz angewandt (§ 18 Abs. 2 ArbZG). Im ArbZG wird unter anderem die Höchstarbeitszeit festgelegt, welche werktäglich die Zeitspanne von acht Stunden nicht überschreiten darf (§ 3 Abs. 1 ArbZG). In Ausnahmefällen kann die Zeit bis auf maximal zehn Stunden erweitert werden, jedoch dürfen „innerhalb von sechs Kalendermonaten oder innerhalb von 24 Wochen im Durchschnitt acht Stunden werktäglich nicht überschritten werden"(§ 3 Abs. 2 ArbZG). Des Weiteren gibt das ArbZG Regelungen für Ruhepausen und -zeiten an. Generell gilt, dass Arbeitnehmer nicht länger als sechs Stunden ohne die festgelegte Ruhepause von 30

---

31 Vgl. *ebd.*, S. 14.

32 Vgl. *Kramer, R., Peter, F. K.*, Arbeitsrecht, 2014, S. 13.

33 Vgl. *Frik, R.*, Tarifvertrag Arbeitszeit, o. J., o. S.

Minuten arbeiten dürfen. Sollte die Arbeitszeit länger als neun Stunden dauern, erhöht sich die Pause auf 45 Minuten (§ 4 ArbZG). Während dieser Zeiten darf der Arbeitnehmer nicht für eine Arbeitsleistung herangezogen werden und sollte in geeigneten Pausenräumen eine Mahlzeit zu sich nehmen.[34] Das Arbeitsgesetz verpflichtet Arbeitgeber zudem außerhalb der Arbeitszeiten und schreibt vor, dass den Arbeitnehmern nach Arbeitsende eine ununterbrochene Ruhezeit von mindestens elf Stunden gewährt werden muss (§ 5 Abs. 1 ArbZG). In dieser Zeit dürfen Beschäftigte nicht in Bereitschaft sein oder von zu Hause weiterarbeiten.[35] Diese Regelung kann für besondere Berufsgruppen oder Branchen abweichen, ist allerdings nur gegen einen entsprechenden Ausgleich zulässig (§ 5 Abs. 2, 3 ArbZG).

Neben dem Arbeitszeitgesetz als wichtigster Rechtsquelle des Arbeitszeitschutzes sind weitere Gesetze wie das Jugendarbeitsschutzgesetz für minderjährige Beschäftigte relevant. Für weibliche Beschäftigte regelt das Mutterschutzgesetz zusätzliche Aspekte während einer Schwangerschaft, nach der Entbindung oder innerhalb der Stillzeit, und schützt somit die Gesundheit der Frau und ihres Kindes. Zusätzlich sind für die Gestaltung der Arbeitszeit unter anderem das Teilzeit- und Befristungsgesetz, das Kündigungsschutzgesetz oder das Ladenschlussgesetz zu beachten.[36] Angehörige pflegebedürftiger Personen sollten das Pflegezeitgesetz im Blick zu behalten, welches bei der Pflege nahestehender Angehöriger eine Freistellung der Arbeit bis zu sechs Monaten erlaubt.[37]

Die Fürsorgepflicht des Arbeitgebers für seine Beschäftigten schließt auch die Aufklärung zu relevanten Rechten und Bestimmungen, sowie die Veröffentlichung dieser Regelungen mit ein. Hierbei können Aushänge verwendet werden, welche die geltende Rechtsverordnung, Tarifverträge und Betriebsvereinbarung erläutern (§ 16 Abs. 1 ArbZG).

2.3 Flexible Arbeitszeitmodelle für Arbeitnehmer

Bis heute werden in einigen Unternehmen traditionelle, starre Arbeitszeiten angeboten. Diese lassen sich in zwei Kategorien einteilen. Zum einen gibt es die feste, volle Arbeitszeit oder auch Vollzeitarbeit unterteilt und zum anderen in die feste, reduzierte Arbeitszeit, die Teilzeit. Der Arbeitgeber kann bei der festen Arbeitszeit

---

[34] Vgl. *Hellert, U.*, Arbeitszeitmodelle der Zukunft, 2018, S. 66.

[35] Vgl. *ebd.*, S. 66.

[36] Vgl. *Lukas, J.*, Personalpolitik, 2012, S. 174 f.

[37] Vgl. *Bundesministerium für Arbeit und Soziales*, Pflegezeit, 2015, o. S.

unabhängig vom Arbeitsanfall und weiteren Faktoren eine klar definierte Arbeitszeit festlegen, zum Beispiel wochentags von 8 Uhr bis 17 Uhr. Feste Arbeitszeiten sind meist dann sinnvoll, wenn sich der Arbeitsaufwand gleichmäßig auf die Arbeitstage verteilt. Der Vorteil dieser zeitlichen Festlegung besteht primär in der Planungssicherheit für Arbeitnehmer sowie Arbeitgeber.[38] Vertretende Beispiele sind Berufe im Gesundheits- und Sozialwesen, in der Logistikbranche, im Bankensektor, im Versicherungswesen und im öffentlichen Sektor, wie Verwaltung oder öffentlicher Dienst.[39]

Aktuell haben circa 80 % der Arbeitnehmer einen Normalarbeitstag, der von einer Arbeitszeit zwischen 7 Uhr und 19 Uhr definiert wird.[40] Der Trend bewegt sich allerdings weg von der klassischen, festen Arbeitszeit. Die Gründe liegen unter anderem in der Globalisierung, der Werteentwicklung, der Digitalisierung und dem demografischen Wandel.[41] Diese Faktoren lassen ein Umdenken seitens der Betriebe stattfinden und führen zu mehr Flexibilität in der Arbeitszeitgestaltung. Die Besonderheit bei flexiblen Arbeitszeitmodellen ist das Bestehen einer Wahlmöglichkeit für Arbeitgeber, Arbeitnehmer oder beide hinsichtlich der zeitlichen Verteilung und des Umfangs der Arbeitszeit. Somit weichen flexible Arbeitszeiten nicht nur von dem Normalarbeitstag ab, sondern können ständig an den betrieblichen Bedarf oder den Wünschen der Arbeitnehmer angepasst werden.[42] Dadurch bringen flexible Arbeitszeitmodelle viele Vorteile mit sich und „können Arbeitsplätze sicherer, Unternehmen wettbewerbsfähiger und Beschäftigte zufriedener machen.“[43]

Für die meisten flexiblen Arbeitszeitmodelle wird ein Arbeitszeitkonto zur Verfügung gestellt. Dabei handelt es sich um ein Zeitkonto für jeden Beschäftigten, auf dem die tatsächlich geleisteten Arbeitsstunden dokumentiert werden. Hieraus ergibt sich eine Übersicht mit positivem oder negativem Zeitsaldo. Somit lassen sich tägliche, monatliche oder sogar Jahresarbeitszeiten erkennen und ausgleichen.[44] Es gibt unterschiedliche Vorgehensweisen, um die Arbeitszeit zu erfassen. Meist wird eine Software verwendet, die auf einem Computer installiert ist oder beim Bedienen eines Terminals Anwendung findet. Es können ebenso

---

38 Vgl. *Gutmann, J., Hüsgen, J.,* Feste Arbeitszeit, 2005, S. 14 ff.

39 Vgl. *Deutsche Handwerkszeitung,* Feste Arbeitszeiten, 2011, o. S.

40 Vgl. *Wöhrmann, A. M. u. a.,* Arbeitszeitreport baua, S. 10.

41 Vgl. *Frindte, T., Thalmann, A.,* Umsetzung Arbeitszeitmodelle, 2019, S. 8.

42 Vgl. *ebd.,* S. 13.

43 *ebd.,* S. 11.

44 Vgl. *Frindte, T., Thalmann, A.,* Umsetzung Arbeitszeitmodelle, 2019, S. 20 ff.

Stempelkarten zur manuellen Erfassung eingesetzt werden. Firmen können beispielsweise Onlinetools, Apps, das Intranet, Excel Tabellen, klassische Stechuhren oder sogar Papierformulare nutzen. Häufig wird die Arbeitszeit aber auf Vertrauensbasis geleistet und nicht erfasst.

Zunächst wird ein klassisches Modell der reduzierten Arbeitszeit in Form von Teilzeit betrachtet. Die Teilzeitarbeit unterscheidet sich von der Vollzeit in der Dauer der wöchentlichen Arbeitszeit. Das Arbeitszeitmodell der Teilzeit ist dann vorhanden, wenn der Arbeitnehmer weniger als die reguläre betriebliche Regelarbeitszeit, somit weniger als Vollzeit, arbeitet. Teilzeit ist der Oberbegriff für Arbeitszeiten mit täglichen, wöchentlichen oder jährlichen Arbeitszeitverkürzungen. Viele Arbeitszeitmodelle können in Voll- oder Teilzeit genutzt werden. [45] Meist wird zwischen starren und flexiblen Teilzeitmodellen unterschieden. Bei einem flexiblen Modell der Teilzeit können sowohl die Arbeitsstunden als auch die Arbeitstage reduziert werden und der Gesamtumfang der Arbeitszeit wird abgesprochen. Im Gegensatz dazu werden bei der starren Teilzeit die Dauer und die Aufteilung der Teilzeit festgelegt.[46] Mit einer Reduktion der geleisteten Arbeitsstunden folgt dementsprechend eine Anpassung der Vergütung. Seit 2019 ist eine sogenannte Brückenteilzeit möglich. Hierbei handelt es sich um eine reduzierte Arbeitszeit über einen befristeten Zeitraum von ein bis fünf Jahren, die nach Ende der vereinbarten Zeitspanne wieder auf den ursprünglichen Arbeitszeitfaktor zurückspringt.[47] Die Rahmenbedingungen für die Gestaltung der Teilzeitarbeit sind im Teilzeit- und Befristungsgesetz geregelt. Dieses Gesetz gibt Arbeitnehmern den Anspruch auf reduzierte Arbeitszeit und empfiehlt ihnen, die gewünschte Verteilung der Arbeitsstunden vorzuschlagen. Gleichzeitig verpflichtet es den Arbeitgeber, sofern keine betrieblichen Gründe dagegensprechen, diesem Vorschlag zuzustimmen. Das Modell der Teilzeit wird zudem als besonders familienfreundlich angesehen, was die Mitarbeitermotivation aufgrund der verbesserten Vereinbarkeit von Privat- und Berufsleben erhöht. Insgesamt ist die Teilzeitquote in den letzten Jahren gestiegen. Teilzeit nutzen hauptsächlich weibliche Arbeitnehmer, nur etwa 25 % der Teilzeittätigen sind männlich. Diese Verteilung ist vor allem auf die Betreuung der Kinder zurückzuführen.[48] Den Unternehmen bieten Teilzeitmodelle unter anderem die Vorteile einer besseren Kapazitätsauslastung durch eine Ausweitung der

---

[45]   Vgl. *Frindte, T., Thalmann, A.,* Umsetzung Arbeitszeitmodelle, 2019, S. 26.

[46]   Vgl. *Deller, C.,* Evaluation , 2004, S. 31 ff.

[47]   Vgl. *Haufe,* Befristete Teilzeit, 2019, o. S.

[48]   Vgl. *Hellert, U.,* Arbeitszeitmodelle der Zukunft, 2018, S. 72 ff.

Betriebszeit. Allerdings erhöht die Teilzeitarbeit den Abstimmungsaufwand mit in Vollzeit angestellten Kollegen vor Arbeitsende und bringt das Risiko einer fehlerhaften Übergabe mit sich.[49] Zu den reinen Teilzeitmodellen zählen neben der starren und flexiblen Teilzeit auch Jobsharing, Altersteilzeit und Kurzarbeit, welche nachfolgend beschrieben werden.

Jobsharing ist die gemeinsame Nutzung eines Arbeitsplatzes, sowie die Aufteilung der Arbeitszeit und -aufgaben zwischen zwei oder mehr Arbeitnehmern. Die genaue Aufteilung vereinbaren die Beschäftigten eigenverantwortlich unter sich, jedoch innerhalb der gesetzlichen Regelungen. Jobsharing ermöglicht eine Teilzeitbeschäftigung, in der sogar anspruchsvollere Vollzeitprojekte anteilig im Tandem oder Team übernommen werden können. Durch den gleichzeitigen Einsatz mehrerer Personen auf demselben Gebiet wird so bei verantwortungsvollen Tätigkeiten eine reibungslose Vertretung gesichert. Teilzeit wird somit für Führungskräfte attraktiver. Allerdings tritt auch hier ein hoher Abstimmungsbedarf auf und Mitarbeiter werden teils dazu angehalten zusätzlich in der Freizeit verfügbar zu sein.[50]

Ein weiteres flexibles Arbeitszeitmodell, die Altersteilzeit, soll den Übergang vom Berufsleben in den Ruhestand erleichtern. Die verbleibende Arbeitszeit wird bis zum Renteneintritt wird in Absprache mit dem Arbeitgeber flexibel verteilt. Bei der ersten von drei unterschiedlichen Varianten wird über den gesamten, festgelegten Zeitraum der Altersteilzeit zu 50 % des Arbeitszeitfaktors gearbeitet. Die zweite Möglichkeit der Altersteilzeit besteht darin, die Arbeitszeit in zwei Blöcke aufzuteilen. Im ersten Block wird zu 100 % des geltenden Arbeitszeitfaktors gearbeitet und im zweiten Block ist der Arbeitnehmer von der Arbeit freigestellt. In beiden Phasen erhält er rund 50 % seiner Bezüge. Bei der dritten Variante wird die Arbeitszeit schrittweise über einen gewissen Zeitraum verringert. Für Unternehmen ist die Altersteilzeit sinnvoll und bietet personelle Planbarkeit, wenn die Belegschaft verjüngt oder verkleinert werden soll oder neues Personal eingearbeitet werden soll. Zusätzlich wird die mögliche sinkende Leistungsfähigkeit älterer Mitarbeiter berücksichtigt. Die Vorteile für Beschäftigte bestehen in einer Erleich-

---

[49] Vgl. *Müller-Wieland, R., Hochfeld, K.,* Zeit gestalten 2017, S. 12 f.; *Frindte, T., Thalmann, A.,* Umsetzung Arbeitszeitmodelle, 2019, S. 26 ff.; *Hellert, U.,* Arbeitszeitmodelle der Zukunft, 2018, S. 72 ff.

[50] Vgl. *Müller-Wieland, R., Hochfeld, K.,* Zeit gestalten 2017, S. 12 f.; *Frindte, T., Thalmann, A.,* Umsetzung Arbeitszeitmodelle, 2019, S. 28 f.

terung des Wegs in den Ruhestand und einer Fortzahlung des Lohns, je nach Vereinbarung trotz weniger oder keiner geleisteter Stunden.[51]

Neben den oben genannten reinen Teilzeitmodellen gibt es auch in der Vollzeit diverse flexible Arbeitszeitmodelle. Hierzu gehören Gleitzeit, Funktions-, Vertrauens-, Wahl- und Jahresarbeitszeit, sowie Sabbaticals und Arbeitszeitfreiheit.

Gleitzeit ist aktuell das gängigste Arbeitszeitmodell und gehört zu den ältesten Formen der flexiblen Arbeitszeit.[52] In der Regel ist der Beginn und das Ende der täglichen Arbeit bei Gleitzeit nicht vorgegeben.[53] Häufig besteht allerdings eine Kernarbeitszeit, bei welcher eine allgemeine Anwesenheitspflicht gegeben ist. Sogenannte Gleitzeitspannen ermöglichen es Arbeitnehmern den Arbeitsbeginn und das Arbeitsende unter Berücksichtigung der Kernarbeit selbst zu gestalten. Der Zeitrahmen, einschließlich vorgeschriebener arbeitsfreier Zeiten, wird vom Arbeitgeber festgelegt.[54] Die Wochenarbeitszeit ist bei diesem Modell vertraglich geregelt und bleibt unberührt.[55] Jedoch kann und darf die tägliche Arbeitsdauer an den Arbeitsanfall angepasst werden. Für die Umsetzung des Gleitzeitmodells bedarf es einer Form der Zeiterfassung und eines Arbeitszeitkontos für jeden Mitarbeiter.[56] Über- und Minusstunden werden auf einem solchen Konto erfasst und können über bestimmte Zeiträume hinweg miteinander verrechnet werden. Maximale und minimale Stundengrenzen legt die Geschäftsführung in Abstimmung mit dem Betriebsrat fest. Die Beliebtheit der Gleitzeit ist weit verbreitet, da dieses flexible Arbeitszeitmodell kaum Nachteile mit sich bringt und sich problemlos einführen lässt.[57] Einer Studie zufolge befinden 88% der befragten Arbeitnehmer das Modell der Gleitzeit für gut.[58] Sie wird besonders von Betrieben in Tätigkeitsfeldern wie Verwaltung, Produktion oder Dienstleistung genutzt.

---

[51] Vgl. *Frindte, T., Thalmann, A.,* Umsetzung Arbeitszeitmodelle, 2019, S. 30 f.

[52] Vgl. *Kellner, B. u. a.,* Flexible Working Studie, 2019, S. 4; *Lange, K., Bässler, C.,* Idee der flexiblen Arbeitszeit, 2000, S. 98.

[53] Vgl. *Rowold, J.,* HRM, 2015, S. 80.

[54] Vgl. *Hellert, U.,* Arbeitszeitmodelle der Zukunft, 2018, S. 83.; *Frindte, T., Thalmann, A.,* Umsetzung Arbeitszeitmodelle, 2019, S. 34 f.; *Flüter-Hoffmann, C. u. a.,* Arbeitszeitmodell Leitfaden, 2019, S. 44.

[55] Vgl. *Rowold, J.,* HRM, 2015, S. 80.

[56] Vgl. *Hoff, A.,* Gestaltung Arbeitszeitsysteme, 2015, S. 8.

[57] Vgl. *Flüter-Hoffmann, C. u. a.,* Arbeitszeitmodell Leitfaden, 2019, S. 34, f.

[58] Vgl. *Statista,* Attraktivität von Gleitzeit, 2017, o. S.

Arbeitnehmer sind grundsätzlich durch Gleitzeit weniger gestresst, zufriedener, motivierter und produktiver. Trotz des flexiblen Rahmens ermöglicht die Kernarbeitszeit aber auch eine reibungslose Abstimmung zwischen Kollegen und das Abhalten von größeren Meetings.[59]

Eine Weiterentwicklung der Gleitzeit ist die Funktionszeit. Der Unterschied zwischen diesen beiden Modellen sind verpflichtende Anwesenheitszeiten.[60] Während bei der Gleitzeit eine feste Kernzeit vorgegeben ist, wird bei der Funktionszeit der zeitliche Rahmen danach ausgerichtet, dass der Arbeitsbereich in Betrieb bleibt und funktioniert. Entsprechend der vom Betrieb hierzu festgelegten Vorgaben können Arbeitnehmer so die Lage der Arbeitszeiten eigenverantwortlich, jedoch in Absprache mit dem Team, untereinander aufteilen.[61] Bei der Funktionszeit steht weniger die Anwesenheit der einzelnen Mitarbeiter im Vordergrund, als vielmehr das Arbeitsergebnis des gesamten Teams. Häufig wird dieses Arbeitszeitmodell in der Banken- oder Versicherungsbranche sowie im öffentlichen Dienst angewandt. Für Mitarbeiter bringt die Funktionszeit ein hohes Maß an Zeitsouveränität mit sich. Sie erfordert jedoch einen verantwortungsvollen Umgang mit der Zeiteinteilung und eine ständige Absprache mit dem Team. Positiv aus Unternehmenssicht ist die Konzeption und Sicherstellung bedarfsgerechter Ansprechzeiten für spezifische Kunden. Meist steigen durch diese Freiheit die Motivation und die Arbeitszufriedenheit und folglich auch die Produktivität der Arbeitnehmer. Ein Nachteil der Funktionszeit ist die erwünschte durchgehende Verfügbarkeit für Anfragen der Vorgesetzten.[62]

Die Vertrauensarbeitszeit stellt ein weiteres flexibles Arbeitszeitmodell dar und erlaubt eine größtmögliche Zeitsouveränität, da Mitarbeiter ihre Arbeitszeit gänzlich frei wählen. Eine Zeiterfassung oder Anwesenheitskontrolle durch Vorgesetzte entfällt. Die Verrichtung der diversen Arbeitsaufgaben steht hier, im Gegensatz zur Präsenszeit, im Vordergrund. Betriebe vertrauen darauf, dass Beschäftigte ihre Projekte und Aufträge eigenverantwortlich im vereinbarten Zeitraum erfüllen.[63] Mitarbeiter können so ihre Arbeitszeit der Zielerreichung oder auch den

---

[59] Vgl. *Flüter-Hoffmann, C. u. a.*, Arbeitszeitmodell Leitfaden, 2019, S. 34, f.

[60] Vgl. *Hellert, U.*, Arbeitszeitmodelle der Zukunft, 2018, S. 83.

[61] Vgl. *Flüter-Hoffmann, C. u. a.*, Arbeitszeitmodell Leitfaden, 2019, S. 41.

[62] Vgl. *Frindte, T., Thalmann, A.*, Umsetzung Arbeitszeitmodelle, 2019, S. 36.

[63] Vgl. *Frindte, T., Thalmann, A.*, Umsetzung Arbeitszeitmodelle, 2019, S. 40.; *Flüter-Hoffmann, C. u. a.*, Arbeitszeitmodell Leitfaden, 2019, S. 67.

betrieblichen Belangen und gesetzlichen Grundlagen anpassen.[64] Um die Leistung der Arbeitnehmer zu messen, wird häufig ein Zielvereinbarungssystem verwendet.[65] Die Vertrauensarbeitszeit wird meist nicht flächendeckend eingesetzt und für bestimmte Zielgruppen, wie das Top Management, verwendet. Dies begründet sich auf fehlenden gesetzlichen Definitionen und dem unterschiedlichen, individuellen Verständnis des Konzepts.[66] Die Vorteile dieses Arbeitszeitmodells liegen in der bedarfsgerechten Verteilung der Arbeitszeit und den Freiheiten für Mitarbeiter. Dies kann sowohl deren Motivation als auch ihre Produktivität steigern. Nach außen wirkt die Vertrauensarbeitszeit für Unternehmen imagefördernd und gilt als innovativ, flexibel und offen.[67] Viele Kritiker sehen in diesem System ein Instrument, um das Arbeitsvolumen des einzelnen Arbeitnehmers zu erhöhen. Sie weisen auf die Gefahren nicht vorhandener Zeiterfassung hin, die von einer Verschleierung der tatsächlich geleisteten Arbeitszeit bis zu einer Überlastung des Arbeitnehmers reichen. Außerdem kann unbewusst eine Skepsis seitens der Arbeitnehmer entstehen, bei der die tatsächliche Arbeitszeit der Kollegen angezweifelt und folglich gegenseitig überwacht wird.[68]

Im Gegensatz zur Vertrauensarbeitszeit besteht bei der Arbeitszeitfreiheit keine Balance zwischen vertraglichen Arbeitszeitverpflichtungen und den Arbeitszeitanforderungen. Der Arbeitnehmer wird bei diesem Arbeitszeitmodell nur anhand seiner Zielerreichung gemessen. Wie viel Arbeitszeit der Mitarbeiter tatsächlich investiert bleibt ungewiss und hat für das Unternehmen, sofern Arbeitszeitrahmen und gesetzliche Rahmenbedingungen eingehalten werden, keine Relevanz. Die Arbeitszeitfreiheit bringt das höchste Maß an Arbeitszeitsouveränität mit sich, bietet jedoch keinen Anreiz zur Mehrarbeit. Weitere Nachteile sind der große Abstimmungsaufwand sowie das erhöhte Konfliktpotential bei der Bewertung von Arbeitsleistungen im Vergleich zu den Leistungsmaßstäben.[69]

Bei der Wahlarbeitszeit, die ebenso modulare Arbeitszeit genannt wird, können Arbeitnehmer ihre Arbeitszeit freiwillig und ohne Lohnausgleich reduzieren und somit variabler gestalten. Hier kann die Arbeitszeit und auch die Personenstärke an das Kundenverhalten angepasst werden. Die Menge des Personals wird an der

---

64 Vgl. *Hellert, U.*, Arbeitszeitmodelle der Zukunft, 2018, S. 92 f.
65 Vgl. *Frindte, T., Thalmann, A.*, Umsetzung Arbeitszeitmodelle, 2019, S. 40.
66 Vgl. *Kellner, B. u. a.*, Flexible Working Studie, 2019, S. 6.
67 Vgl. *Frindte, T., Thalmann, A.*, Umsetzung Arbeitszeitmodelle, 2019, S. 40.
68 Vgl. *Neubert, R., Thomas, M.*, Vertrauensarbeitszeit, 2005, S. 212.
69 Vgl. *Hoff, A.*, Gestaltung Arbeitszeitsysteme, 2015, S. 22.

Nachfrage ausgerichtet und kann wöchentlich, täglich oder stündlich variieren. Ein genauer Personalbedarfsplan wird sichtbar für alle Mitarbeiter aufgehängt und von diesen ausgefüllt. Wenn sich Beschäftigte in Absprache mit ihren Kollegen in den Plan eingetragen haben, besteht für die jeweilige Zeit Anwesenheitspflicht. Die Wahlarbeitszeit setzt ein Gewerbe oder Geschäft voraus, bei welchem mit Stoßzeiten zu rechnen ist und unterschiedliche Belegschaftsstärken sinnvoll sind. Beispiele hierfür sind Supermärkte oder Bäckereien.[70]

Das Jahresarbeitszeitmodell kann in Teil- und in Vollzeit genutzt werden. Hierbei wird die zu erbringende Arbeitszeit im Voraus auf bestimmte Zeiten des Jahres festgelegt und kann an den variierenden Arbeitsanfall im Verlauf des Jahres aufgrund saisonaler Unterschiede angepasst werden. Trotz schwankender Arbeitszeit im Jahresverlauf wird das Arbeitsentgelt den Arbeitnehmern in zwölf gleichen Beträgen ausgezahlt. Dieses Modell ist auch für Unternehmen mit schwankender Auftragslage optimal, da Überstunden bzw. Unterauslastung vermieden werden. Allerdings bedarf dieses Arbeitszeitmodell einer aufwändigen Planung und einer ausführlichen Abstimmung.[71]

Das Sabbatical wird durch eine befristete Auszeit definiert, die üblicherweise drei bis zwölf Monate dauert. Für ein Sabbatical gibt es keine rechtlichen Regelungen. Deshalb sind die Bedingungen und Varianten, sofern dieses Modell überhaupt angeboten wird, in den Unternehmen unterschiedlich. Meist wird ein Sabbatical als unbezahlter Urlaub wahrgenommen. Allerdings haben Arbeitnehmer nach dieser Zeit keinen rechtlichen Anspruch auf ihren alten Arbeitsplatz. Für Unternehmen bieten Sabbaticals den Vorteil, dass die Mitarbeiter meist zufriedener und motivierter aus dieser Zeit zurückkommen und somit dem Unternehmen erhalten bleiben. Diese Auszeit wird vorwiegend für längere Fernreisen oder mehr Zeit mit der Familie genommen.[72]

---

[70] Vgl. *Frindte, T., Thalmann, A.,* Umsetzung Arbeitszeitmodelle, 2019, S. 38; *Flüter-Hoffmann, C. u. a.,* Arbeitszeitmodell Leitfaden, 2019, S. 68.

[71] Vgl. *Frindte, T., Thalmann, A.,* Umsetzung Arbeitszeitmodelle, 2019, S. 43 f.

[72] Vgl. *ebd.,* S. 54.

2.4 Flexible Arbeitszeitanforderungen der Arbeitgeber

Den Flexibilisierungsmöglichkeiten für Mitarbeiter stehen die Flexibilisierungsanforderungen der Unternehmen gegenüber. Hierzu gehören Kurzarbeit, Mehrarbeit, Nacht- und Schichtarbeit, Bereitschaftsdienst und Rufbereitschaft.[73]

Kurzarbeit ist weder vom Arbeitnehmer noch vom Arbeitgeber ein freiwillig gewähltes Arbeitszeitmodell. Es handelt sich hierbei um eine Herabsetzung der betriebsüblichen Arbeitszeit, um einen vorübergehenden Mangel an Arbeit oder Aufträgen zu überbrücken und Kündigungen zu vermeiden. Dieses Modell wird meist in Unternehmens- oder Wirtschaftskrisen, wie in der aktuellen Corona-Krise, verwendet. Als Lohnausgleich für die fehlenden, gekürzten Arbeitsstunden erhalten Beschäftigte ein Kurzarbeitergeld von der Bundesagentur für Arbeit. Die Kurzarbeit kann von wirtschaftlich betroffenen Unternehmen beantragt werden und wird bei Erfüllung gewisser rechtlicher Bedingungen gewährt. Unternehmen werden durch den Staat finanziell entlastet und müssen nur die tatsächlich geleistete, reduzierte Arbeitszeit bezahlen. Für Mitarbeiter bedeutet Kurzarbeit mehr Sicherheit, da zunächst keine Entlassungen erfolgen und die Krise überbrückt wird, bis sich die Auftragslage verbessert hat.[74]

Unter Mehrarbeit sind die über die gesetzlich, tariflich oder vertraglich geregelten Arbeitszeiten hinaus geleisteten Stunden zu verstehen. Diese Flexibilisierung ist besonders bei Auftragsspitzen interessant für Unternehmens. Betriebe können so flexibel und kurzfristig auf Kundenanforderungen eingehen. Bei Mehrarbeit wird die zusätzlich verrichtete Arbeitszeit vergütet und kann in der Regel nicht in Freizeit umgewandelt werden. Bei diesem Modell ist besonders die Ermüdung der Mitarbeiter kritisch zu betrachten, die mit einer geringeren Leistungsfähigkeit als Konsequenz einhergehen kann. Zusätzlich ist dieses Modell für Unternehmen teuer, da die Mehrarbeit inklusive Sozialabgaben vergütet werden muss.[75]

Eine weitere Arbeitszeitanforderung ist die Nacht- und Schichtarbeit welche Unternehmen ermöglicht, eine längere Betriebszeit zu etablieren. Schichtarbeit existiert, wenn mindestens zwei Personen an einem Arbeitstag dieselbe Arbeitsaufgabe verrichten und sich regelmäßig nach einem feststehenden Schichtplan ablösen. Somit wird derselbe Arbeitsplatz dauerhaft oder in einem bestimmten

---

[73] Vgl. *Frindte, T., Thalmann, A.,* Umsetzung Arbeitszeitmodelle, 2019, S. 25.

[74] Vgl. *Frindte, T., Thalmann, A.,* Umsetzung Arbeitszeitmodelle, 2019, S. 32.

[75] Vgl. *ebd.,* S. 33.

Zeitrahmen, der deutlich von der Normalarbeitszeit abweicht, von unterschiedlichen Personen besetzt. Bei der Nachtarbeit, die meist mit der Schichtarbeit verbunden ist, liegt ein Teil oder die gesamte Arbeitszeit zwischen 23 Uhr und 6 Uhr. Für Arbeitnehmer stellt diese Art der Arbeit eine erhebliche Belastung dar. Aus diesem Grund gibt es für Nachtarbeit spezifische Regelungen im Arbeitszeitgesetz. Unternehmen haben aber auch eine höhere Belastung, da sie zusätzlich die zuschlagspflichtige Arbeitszeit bezahlen müssen. Die Nacht- und Schichtarbeit ist jedoch technisch und wirtschaftlich von großem Vorteil und kann diese finanziellen Nachteile problemlos ausgleichen. Dieses Arbeitszeitmodell ist besonders für produzierende Unternehmen unverzichtbar, um Arbeitsprozesse nicht zu unterbrechen. Zudem ist Nacht- und Schichtarbeit in der Pflege und Gesundheitsbranche oder bei der Polizei und Feuerwehr unerlässlich.[76]

Die Lebensarbeitszeit wird mit einer langfristigen Perspektive berechnet. Hier existiert ein Lebensarbeitszeitkonto, welches vom Start des Berufseintritts bis zum Ruhestand die geleistete Arbeitszeit dokumentiert. In diesem Zeitraum kann, je nach Lebensphase, unterschiedlich viel und lange gearbeitet werden. Somit ist es möglich, bei fortlaufender Bezahlung früher in den Ruhestand gehen zu können oder Stunden im Rahmen eines Sabbaticals abzubauen. Ein solches Arbeitszeitkonto lässt auf der einen Seite Unternehmen flexibel auf Auslastungsschwankungen reagieren, und auf der anderen Seite können Beschäftigte ihre Lebensplanung klarer strukturieren und die Lebensphasen bestmöglich auslasten.[77]

Eine weitere Form der flexiblen Arbeitszeit bilden der Bereitschaftsdienst und die Rufbereitschaft. Während des Bereitschaftsdienstes halten sich die Beschäftigten in der Regel im Unternehmen auf, um bei Bedarf die Arbeit sofort aufnehmen zu können. Bei der Rufbereitschaft hingegen ist der Aufenthaltsort frei wählbar. Allerdings muss der Mitarbeiter jederzeit erreichbar sein und auf Abruf arbeiten können. Die Rufbereitschaft zählt damit, anders als der Bereitschaftsdienst, zur Ruhezeit. Beispiele für Unternehmen mit Rufbereitschaft sind Handwerksberufe sowie Unternehmen in der IT Branche. Der Bereitschaftsdienst dagegen wird beispielsweise von der Feuerwehr genutzt.[78]

---

[76] Vgl. *Frindte, T., Thalmann, A.*, Umsetzung Arbeitszeitmodelle, 2019, S. 45 ff.; *Flüter-Hoffmann, C. u. a.*, Arbeitszeitmodell Leitfaden, 2019, S. 55 ff.

[77] Vgl. *Frindte, T., Thalmann, A.*, Umsetzung Arbeitszeitmodelle, 2019, S. 52.

[78] Vgl. *Frindte, T., Thalmann, A.*, Umsetzung Arbeitszeitmodelle, 2019, S. 56 ff.; *Flüter-Hoffmann, C. u. a.*, Arbeitszeitmodell Leitfaden, 2019, S. 105 f.; vgl. *Wöhrmann, A. M. u. a.*, Arbeitszeitreport baua, 2016, S. 71.

2.5 Berufstätige Generationen

Eine Generation, auch Kohorte genannt, umfasst alle Personen, die in einer bereits festgelegten Zeitspanne mehrerer, aufeinanderfolgender Kalenderjahre auf die Welt gekommen sind.[79] Jeder Generation können individuelle Wertevorstellungen und Bedürfnisse zugeordnet werden. Zentrale ökonomische, soziale und politische Ereignisse formen und prägen Generationen, wodurch sich spezifische Charakteristika einer ganzen Generation bilden können.[80] Die arbeitende Bevölkerung setzt sich derzeit aus den Baby-Boomern, der Generation X und der Generation Y zusammen.[81] Diese Generationen werden im Nachfolgenden untersucht, wobei der Fokus auf der Generation Y liegt. Die Zeitspannen der einzelnen Generation variieren in der Literatur stark, weshalb die Jahresgrenzen meist nicht einheitlich definiert sind.[82]

Abbildung 3: Abgrenzung der Generationen
Quelle: In Anlehnung an Hellert U., Arbeitszeitmodelle, 2018, S. 11

Die Baby-Boomer sind während des allgemeinen Aufschwungs der Nachkriegszeit zwischen 1955 und 1965 geboren worden und nach den damaligen, geburtenstarken Jahrgängen benannt. Diese Generation bildet den Grundstein der derzeitigen Erwerbsbevölkerung. Aufgrund der zahlreichen Geburten hat die Generation der Baby-Boomer große Bedeutung für den Konsum von Wirtschaftsgütern und Ausbau von Bildungseinrichtungen wie Schulen oder Universitäten. Diese Jahrgänge sind im wirtschaftlichen Aufschwung aufgewachsen und durch Ereignisse wie die Mondlandung, die Ölkrise oder später die beginnende wirtschaftlichen Stagnation sowie durch den RAF-Terrorismus geprägt worden.[83] Das wohlbehütete, familiäre Umfeld hat sich durch eine klassische Rollenverteilung zwischen Mann und Frau ausgezeichnet. Meist hat der Vater gearbeitet und das Geld verdient, während die

---

[79]   Vgl. *Pfeil, S.*, Werteorientierung der Generationen, 2017, S. 6.

[80]   Vgl. *Hesse, G. u. a.*, Herausforderungen GenY, 2015, S. 55.

[81]   Vgl. *Radermacher, S.*, Employer Branding, 2013, S. 6.

[82]   Vgl. *Parment, A.*, Zukünftige Mitarbeiter, 2009, S. 15 f.; *Moskaliuk, J.*, Generation Y als Herausforderung, 2016, S. 1 f.

[83]   Vgl. *Klaffke, M.*, Erfolgsfaktor Generationen, 2014, S. 12; *Hellert, U.*, Arbeitszeitmodelle, 2018, S. 11.

Mutter sich um die Kinder und den Haushalt gekümmert hat.[84] Diese Generation wird durch ihre optimistische Lebenseinstellung, gute Vernetzung und hohe soziale Kompetenz charakterisiert. Sie besitzt aktuell einen großen Anteil an Führungspositionen in Unternehmen und der Politik.[85] Aufgrund der geschichtlichen Prägung werden diese Arbeitnehmer oft als Workaholics bezeichnet, die leben, um zu arbeiten.[86] Inzwischen stehen die ersten Jahrgänge dieser Generation kurz vor ihrem Renteneintritt. Bis ca. 2030 werden die Baby-Boomer in den Ruhestand gehen, womit der deutschen Erwerbsbevölkerung aufgrund der demographischen Verteilung ein großer Teil der Arbeitnehmer wegbricht.[87]

Die Mitglieder der Generation X, geboren von 1966 bis 1980, führen trotz wirtschaftlicher Spannungen ein relativ gesichertes Leben, obwohl sie den Wohlstand der Elterngeneration möglicherweise nicht erreicht haben.[88] Auch die familiäre Situation gegenüber der vorherigen Generation der Baby-Boomern hat sich verändert. Die Mütter sind nun häufig beruflich aktiv gewesen, selbst wenn nicht immer ausreichend Angebote zur Kinderbetreuung zur Verfügung gestanden sind. Scheidungsraten sind angestiegen und Patchwork-Familien sind häufiger anzutreffen. Prägend für die Generation X sind unter anderem die Weltwirtschaftskrise zu Beginn der 1970er Jahre, der Mauerfall, die Einführung erster Computer in Unternehmen und die globale Vernetzung der Wirtschaft.

Diese Generation hat eine besonders kritische Grundeinstellung und wirkt teils egozentrischer oder respektloser im Vergleich zu den anderen Generationen. Sie hat eine Vorliebe für Vielfalt und steht der Veränderung sowie einem steigenden Wettbewerb positiv gegenüber.[89] Ihr Verhältnis zur Arbeit hat sich im Vergleich zu der Elterngeneration gewandelt, denn die Generation X „arbeitet, um zu leben"[90].

Die Generation Y wird im Folgenden umfangreicher vorgestellt, da sie ein zentraler Bestandteil dieser Bachelorarbeit ist. Sie folgt zeitlich der Generation X und schließt damit die Geburtenjahrgänge von 1981 bis 2000 ein, jedoch ist die genaue Zeitspanne in der Literatur nicht einheitlich definiert. Die Mitglieder der

---

84 Vgl. *Hesse, G. u. a.*, Herausforderungen GenY, 2015, S. 88.

85 Vgl. *Klaffke, M.*, Erfolgsfaktor Generationen, 2014, S. 12.

86 Vgl. *Mattmüller, R. u. a.*, Personalmarketing, 2015, S. 119.

87 Vgl. *Klaffke, M.*, Erfolgsfaktor Generationen, 2014, S. 12.

88 Vgl. *Hesse, G. u. a.*, Herausforderungen GenY, 2015, S. 55.

89 Vgl. *Oertel, J.*, Baby Boomer und Gen X, 2014, S. 32 f., 47 ff.; *Hellert, U.*, Arbeitszeitmodelle, 2018, S. 11.

90 *Mattmüller, R. u. a.*, Personalmarketing, 2015, S. 119.

Generation gehören damit im Wesentlichen zu den Kindern der Baby-Boomer. Die Bezeichnung wird vom englischen Wort „why" abgeleitet, da es im englischen die gleiche Aussprache wie ein „Y" hat. In der deutschen Sprache bedeutet dies „warum" und soll verdeutlichen, dass die Generation Y gerne alles hinterfragt.[91] Allerdings gibt es zur Benennung dieser Generation Y zahlreiche weitere Vorschläge wie Millennials, Ypsiloner, Generation Praktikum, Digital Natives oder Net Generation.[92] Aufgewachsen sind diese Jahrgänge in einem wohlhabenden, behüteten Umfeld und erfahren eine hohe Aufmerksamkeit ihrer Eltern, woraus eine sehr enge Bindung resultiert.[93] Im Gegensatz zu den Kindern der Nachkriegsgenerationen sind sie weniger streng erzogen worden.[94] Ein Grund hierfür ist die Abneigung der Elterngeneration gegenüber den Erziehungsmethoden, die sie aus der eigenen Zeit als Kind in Erinnerung haben.[95] Aufgrund der Globalisierung ist die Generation Y in einer Gesellschaft des Konsums aufgewachsen.[96] Sie wird außerdem von steigender wirtschaftlicher, gesellschaftlicher und globaler Unsicherheit geprägt. Hier ist vor allem die Finanz- und Wirtschaftskrise in 2008 zu nennen. Relevante Ereignisse sind beispielsweise die Wiedervereinigung Deutschlands, Terroranschläge auf das World Trade Center, Tsunami Katastrophen, Kriege in Afghanistan oder dem Irak und das Zusammenwachsen der Europäischen Union. Des Weiteren spürt und trägt die Generation Y die Folgen des Klimawandels, weshalb sie ein gewisses Umweltbewusstsein entwickelt.[97] Von großer Bedeutung für diese Kohorte ist der technologische Fortschritt. Inzwischen gehören die Mitglieder der Generation Y zu einer Gruppierung, die sich eine Welt ohne digitale Medien nicht vorstellen kann. Sie sind in einer durchwegs vernetzten Welt von ständigem Austausch und permanenter, medialer Kommunikationsmöglichkeit aufgewachsen. Das Internet ist für die sogenannten Digital Natives sowohl beruflich als auch privat eine Notwendigkeit und Selbstverständlichkeit. Sie sind es gewohnt, sich jederzeit Informationen beschaffen zu können.

---

[91] Vgl. *Klaffke, M.*, Erfolgsfaktor Generationen, 2014, S. 13.

[92] Vgl. *Moskaliuk, J.*, Generation Y als Herausforderung, 2016, S. 1.

[93] Vgl. *Bund, K.*, Glück schlägt Geld, 2014, S. 13 ff.

[94] Vgl. *Moskaliuk, J.*, Generation Y als Herausforderung, 2016, S. 1 f.

[95] Vgl. *Bund, K.*, Glück schlägt Geld, 2014, S. 13 ff.

[96] Vgl. *Bund, K.*, Glück schlägt Geld, 2014, S.16; *Klaffke, M.*, Arbeitnehmer-Generationen, 2014, S. 61.

[97] Vgl. *Oertel, J.*, Baby Boomer und Gen X, 2014, S. 33.

Negative Auswirkungen der Vernetzung ebenso wie die gesellschaftlichen Konsequenzen der dauerhaften Nutzung werden meist nicht diskutiert. [98]

Aktuell befindet sich ein Großteil der Ypsiloner im Studium oder stehen als junge Berufseinsteiger noch vor entscheidenden Lebenspunkten, bei welchen sie zwischen einer Vielzahl von privaten sowie beruflichen Wegen wählen müssen.[99] Das Verhalten der Generation Y wird als selbstbewusst aber meinst orientierungslos beschrieben. Die Gründe hierfür liegen in der Menge der Wahlmöglichkeiten in Bezug auf die Ausbildung und das berufliche Leben. Aus dieser Freiheit resultieren teilweise Überforderung und Angst, den falschen Weg einzuschlagen.[100] Trotz der aussichtsreichen Ausbildung ist es der Generation Y meist lieber eine interessante und sinnvolle berufliche Tätigkeit auszuüben, als eine Karriere mit Führungsposition anzustreben. Wichtig ist die Wertschätzung für die Arbeit, sowie die Vereinbarkeit von Berufs- und Privatleben. Aufgrund des Aufwachsens in einem digitalen Zeitalter ist es für viele Ypsiloner selbstverständlich während der Arbeitszeit private E-Mails zu lesen, und umgekehrt auch nach Feierabend beruflich erreichbar zu sein oder von zu Hause aus an beruflichen Aufgaben weiterzuarbeiten.[101] Außerdem ist im Vergleich zu den anderen Generationen ein Wertewandel in Bezug auf die Arbeit festzustellen. Die Generation Y möchte an erster Stelle das Leben genießen und stellt die Arbeit hinten an.[102] Aus diesem Grund ist die Struktur und klare Linie in Lebensläufen von Ypsilonern nicht so deutlich erkennbar, wie bei denen der Vorgenerationen.[103] Aufgrund der zahlreichen Auswahlmöglichkeiten und der weltwirtschaftlichen Globalisierung werden aber beispielsweise Auslandsstudiengänge, Work-and-Travel und diverse Ausbildungsmöglichkeiten mehr wahrgenommen.

---

[98] Vgl. *Moskaliuk, J.*, Generation Y als Herausforderung, 2016, S. 3 ff.

[99] Vgl. *Klaffke, M.*, Erfolgsfaktor Generationen, 2014, S. 13.

[100] Vgl. *Moskaliuk, J.*, Generation Y als Herausforderung, 2016, S. 1 f.; *Parment, A.*, Zukünftige Mitarbeiter, 2009, S. 18.

[101] Vgl. *Perment, A., Klaffke, M.*, Personalmanagement Millennials, 2011, S. 13; *Moskaliuk, J.*, Generation Y als Herausforderung, 2016, S. 2.

[102] Vgl. *Mattmüller, R. u. a.*, Personalmarketing, 2015, S. 119.

[103] Vgl. *Parment, A.*, Zukünftige Mitarbeiter, 2009, S. 15 f.

2.6 Stand der Forschung

Wie schon im vorherigen Abschnitt geschildert, hat die Generation Y im Vergleich zu den älteren Generationen eine andere, neue Lebensphilosophie. Die Arbeit wird nicht nur zur Sicherung des Lebensunterhalts vollzogen, sondern mehr als erfüllende Tätigkeit, die sinnvoll und spannend sein sollte, gesehen.[104] Als Arbeitnehmer ist es daher ihr primäres Ziel, sich im Job wohlzufühlen. Des Weiteren versuchen sie kontinuierlich ihr Privat- und Berufsleben in Einklang zu bringen und diese Balance zu erhalten.[105] Teilweise sind flexible Arbeitszeiten für Mitglieder der Generation Y das wichtigste Instrument, um zum Beispiel die Pflege eines Familienmitglieds zu organisieren oder zu leisten. Daneben nutzen junge Eltern gerne Teilzeit, benötigen mehr Flexibilität bei ihrer Zeiteinteilung oder beanspruchen freie Zeit am Nachmittag für die Familie.[106] Ypsiloner möchten ihre Freizeit nicht für Erfolg, Verantwortung oder eine berufliche Weiterentwicklung aufgeben. Dies zeigt, dass gewöhnliche Arbeitszeitmodelle ihre Relevanz verlieren und in Zukunft nicht mehr ansprechend und angemessen sind.[107] So wirkt der klassische Normalarbeitstag mit festen Arbeitszeiten für die Mitglieder der Generation Y bei der Suche nach dem richtigen Arbeitgeber eher abstoßend.[108] Unternehmen können durch flexible Arbeitszeitmodelle ihre Attraktivität erhöhen und die Mitarbeiterbindung stärken. So können sie auch dem in der Einleitung beschriebenen Fachkräftemangels in Deutschland entgegenwirken.[109] Erste Studien zeigen, dass sich Unternehmen der Lebenseinstellung der Millennials und deren Wünschen zwar bewusst sind, aber die Berücksichtigung der Bedürfnisse und Potentiale noch nicht erfolgt ist.[110] Dies ist der Grund, weshalb die Forschung passende, umsetzbare Lösungen finden und dadurch Unternehmen zum Umdenken motivieren muss.

Um den aktuellen Stand der Forschung darzustellen, werden Studien von Instituten und Firmen herangezogen. Zunächst soll anhand einiger Studien die Relevanz des Themas der flexiblen Arbeitszeiten verdeutlicht werden. Außerdem wird auf Studien zu den Herausforderungen der Digitalisierung in Bezug auf Arbeits-

---

[104] Vgl. *Huber, T., Rauch, C.,* Manager von morgen, 2013, S. 22.

[105] Vgl. *Marques-Alvito, C.,* Personalbindung Generation Y, o. J., o. S.

[106] Vgl. *Geisel, S.,* Arbeitszeiten flexibel gestalten, 2014, S. 176 ff.

[107] Vgl. *Gajek, K.,* Flexible Arbeitszeiten gebrauchen, 2018, o. S.

[108] Vgl. *Marques-Alvito, C.,* Personalbindung Generation Y, o. J., o. S.

[109] Vgl. *Parment, A.,* Zukünftige Mitarbeiter, 2009, S. 93 f.

[110] Vgl. *Klaffke, M.,* Arbeitnehmer-Generationen, 2014, S. 58.

zeitmodelle eingegangen. Als letztes sollen ausgewählte Forschungsergebnisse den Stellenwert flexibler Arbeitszeitmodelle für die Generation Y wiedergeben.

Laut Bundesministerium für Familie, Senioren, Frauen und Jugend haben im Jahr 2003 46 % der Unternehmen flexible Arbeitszeiten für wichtig befunden, 2012 dagegen bereits über 80 %.[111] Diese Tendenz zeigt sich auch beispielsweise in Studien von Deloitte oder der Bundesanstalt für Arbeitsschutz. Immer mehr Unternehmen bieten ihren Mitarbeitern generationsübergreifend genutzte, flexible Arbeitszeitmodelle an, häufig in Form von Gleitzeit oder Vertrauensarbeitszeit.[112] Auf der Arbeitnehmerseite wird die Forderung nach flexiblen Arbeitszeiten immer lauter. So geben ca. 70 % aller Befragten in einer Signium Studie an, flexible Arbeitszeitmodelle zu bevorzugen.[113] Dieser Wunsch wird ebenso von Führungskräften geäußert. Gemäß einer Studie von Coffman und Hagey haben 86 % der Manager ein Interesse an zeitlicher Flexibilität.[114] Die Forschung zeigt zudem, dass Führung in Teilzeit möglich ist, in der Praxis aber noch wenig akzeptiert ist. Deshalb arbeiten in Deutschland aktuell nur 5 % der Manager in Teilzeit.[115]

Des Weiteren hat die Digitalisierung einen großen Einfluss auf die Erforschung und Konzeption neuer Arbeitszeitmodelle. Gerade die Generation Y nutzt neue Medien und Technologien nicht nur privat, sondern auch im beruflichen Kontext. Sie sind im technologiegetriebenen Umfeld aufgewachsen und heben sich so von den anderen Generationen ab.[116] Laut der Universität Regensburg sehen circa 75 % der Befragten in der Entwicklung der Digitalisierung einige Nachteile.[117] Diese Erkenntnis lässt sich unter anderem dadurch ableiten, dass die neuen, technischen Möglichkeiten die Trennung zwischen Arbeit und Freizeit aufheben.[118] Millennials zögern nicht, Anrufe in der Freizeit entgegenzunehmen, E-Mails regelmäßig abzurufen und zu beantworten oder bei Bedarf zu später Stunde von zuhause aus zu arbeiten. Natürlich erwarten sie eine entsprechende Vergütung oder Ausgleichs-

---

[111] Vgl. *Bundesministerium für Familie*, Familienbewusste Arbeitszeiten, 2016, S. 6.

[112] Vgl. *Kellner, B. u. a.*, Flexible Working Studie, 2019, S. 6.; *Wöhrmann, A. M. u. a.*, Arbeitszeitreport baua, 2016, S. 53.

[113] Vgl. *Huber, T., Rauch*, C., Manager von morgen, 2013, S. 31.

[114] Vgl. *Coffman, J. und Hagey, R.*, Flexible Work Models, S. 6.

[115] Vgl. *Hipp, L., Stuth S.*, Management und Teilzeitarbeit, 2013, S. 2.

[116] Vgl. *Hucke, M. u. a.*, Berufseinsteiger der Generation Y, 2013, S. 127 f.

[117] Vgl. *Wittmann, G. u. a.*, Digitale Gesellschaft, 2014, S. 6.

[118] Vgl. *Ruthus, J.*, Arbeitgeberattraktivität von Generation Y, 2014, S. 13.

zeit.[119] So stellt die Digitalisierung und die Implementierung von Regeln für Unternehmen, die bereits flexible Arbeitszeiten anbieten, eine Herausforderung dar. Firmenlaptop und Firmenhandy werden vermehrt auch im Privatleben genutzt. Nach dem Ipsos Barometer 2015 nutzen dreiviertel der Mitarbeiter oft außerhalb der Arbeitszeit ihre Firmengeräte, um berufliche Angelegenheiten zu erledigen.[120] Diese Entwicklungen weiten sich laut einer Umfrage von Randstad ebenso auf den Urlaub aus. So geben 59 % an, während des Urlaubs erreichbar zu sein, obgleich dies vom Arbeitgeber nicht erwartet wird.[121] Es findet aber auch im Gegenzug eine Verschmelzung der Arbeitszeit mit der Freizeit statt. In einer anderen Umfrage von Randstad bejaht etwas über die Hälfte der Befragten, sich während der Arbeitszeit mit Privatangelegenheiten zu beschäftigen.[122]

Um die Bedeutung der flexiblen Arbeitszeit für die Generation Y herauszuarbeiten, werden im Folgenden einige Forschungsergebnisse betrachtet. Es handelt es sich hierbei überwiegend um Untersuchungen, die sich auf diese Zielgruppe innerhalb Deutschlands konzentrieren. Studien unter anderem von den Personalberatungen Kienbaum und Ernst & Young, dem Mineralölkonzern Shell, sowie den Forschungsinstituten Sinus und Signium stellen die wichtigsten Kriterien der Generation Y bei der Arbeitgeberwahl und deren Wertevorstellungen dar. Diese Kriterien schließen beispielsweise Arbeitssicherheit, Führungsstil und eine gute Arbeitsatmosphäre mit ein. In diesen sechs Studien ist zu beobachten, dass der Wunsch nach flexiblen Arbeitszeiten und einem ausgeglichenen Berufs- und Privatleben immer unter den ersten sieben Kriterien liegt.[123] In Studien des Institutes Roman Herzog, des Personaldienstleisters Orizon sowie des Wissenschaftlers Dr. Parment ist der Wunsch nach Work-Life-Balance beziehungsweise flexiblen Arbeitszeiten sogar unter den drei wichtigsten Kriterien.[124] Außerdem hat Dr. Silko Pfeil eine Auswertung von 32 Studien unterschiedlicher Institute und Firmen bezüglich der veränderten

---

[119] Vgl. *Parment, A.*, Zukünftige Mitarbeiter, 2009, S. 99.

[120] Vgl. *Gschwendtner-Mathe, B.*; Digitaler Wandel, 2015, S. 10.

[121] Vgl. *Randstad*, Urlaub, 2017, o. S.

[122] Vgl. *Randstad*, Grenzen verschmelzen, 2020, o. S.

[123] Vgl. *Kienbaum Institut*, Karriereorientierung Generation Y, 2018, S. 12; *Kienbaum Communications*, MultiGEN, 2014, S. 5; *Simon, O.*, Studentenstudie, 2018, S. 12; *Albert, M. u. a.*, Jugendstudie 2015, S. 5; *Calmbach, M.*, Junge Generation im Beruf, 2019, o. S.; *Huber, T., Rauch, C.*, Manager von morgen, 2013, S. 33.

[124] Vgl. *Klös, H.-P. u. a.*, Die neue Generation, 2016, S. 13; *Orizon*, Perspektive der Arbeitnehmer, 2014, S. 3; *Parment, A.*, Erwartungen an Generationen, 2014, S. 68.

Anspruchshaltung der befragten Generation Y durchgeführt. Diese Zusammenstellung bestätigt ebenso die Relevanz der oben genannten Aspekte.[125]

Die aktuelle Forschung zeigt zudem, dass Teilzeit ein zunehmend wichtigeres Instrument der Generation Y wird, um eine Work-Life-Balance zu schaffen. Laut einer Studie von YouGov wünschen sich mehr als die Hälfte aller befragten Arbeitnehmer einen reduzierten Arbeitstag von sechs bis acht Stunden. Die gleiche Studie stellt fest, dass sich fast 50 % aller befragten Millennials eine Arbeitswoche von vier Tagen wünscht.[126] Diese Trends beobachten beispielsweise die Technikriesen Amazon und Google und versuchen diese in ihre Arbeitszeitmodelle zu integrieren. Weitere Firmen aus Mode-, Technologie- und Automobilbranche experimentieren ebenso mit der Verteilung oder Reduktion von Arbeitszeit.[127] Teilzeitmodelle haben zudem einen Mehrwert für Unternehmen, da sie sich durch ein ansprechendes Angebot von Teilzeit ohne Karriereeinschränkungen einen Wettbewerbsvorteil verschaffen und somit junge, talentierte Arbeitskräfte akquirieren können.[128]

In den dargestellten Studien ist zu erkennen, dass flexible Arbeitszeiten im Arbeitsleben für die Genration Y unentbehrlich sind. Ein weiteres interessantes Themengebiet in diesem Zusammenhang betrifft die tatsächliche Nutzung durch die Generation Y. Hierzu gibt es nur zwei Untersuchungen, die näher auf die aktuell verwendeten Arbeitszeitmodelle eingehen. Das Marktforschungsinstitut Splendid Research hat Umfragen zum Arbeitgeberangebot und deren Gestaltungswegen zur Work-Life-Balance durchgeführt. 65 % der befragten Arbeitnehmer aus der Generation Y haben angegeben, dass der Arbeitgeber ihnen freie Hand bei der flexiblen Arbeitszeitgestaltung lässt. Eine zweite Studie mit ähnlichen Forschungsergebnissen stammt von Deloitte und untersucht den weltweiten Anteil der Millennials, die eine flexible Vereinbarung mit ihrem Arbeitgeber getroffen haben. In dieser Studie hat sich herausgestellt, dass sich 69 % der Arbeitnehmer ihre Arbeitszeit selbst einteilen können.[129] Da bezüglich der Nutzung flexibler Arbeitszeitmodelle noch wenige Untersuchungen zu finden sind, ist dieses Themengebiet in die Forschungsfrage dieser Arbeit mit einbezogen worden.

---

[125] Vgl. *Pfeil, S.*, Werteorientierung der Generationen, 2017, S. 205 ff.

[126] Vgl. *Schmidt, M.*, Arbeitspensum, 2015, o. S.

[127] Vgl. *Marques-Alvito C.*, Personalbindung Generation Y, o. J., o. S.

[128] Vgl. *Schulenburg, N.*, Neue Generation, 2016, S. 80 f.

[129] Vgl. *Splendid Research*, Verbreitung der Flexibilität, 2018, o. S.; *Deloitte*, Umfrage Millennials, 2017, S.20.

2.7 Kritische Würdigung

Vor der Ausführung des Kapitels der Empire soll zunächst die in den vorherigen Kapitel ausgearbeitete theoretische Grundlage kritisch beleuchtet und diskutiert werden.

Die Thematik in Bezug auf die Generationen, Arbeitszeitmodelle und deren Zusammenhänge ist nicht in kompletter Tiefe und Vielfalt abgebildet. Durch die Komplexität und Detailliertheit der bestehenden Theorie können nur einige Aspekte in dieser Arbeit aufgegriffen werden, um den Umfang dieser Arbeit nicht zu sehr auszudehnen. In Kapitel 2.1 ist ein Überblick über die Definition und Bedeutung der Arbeitszeit gegeben worden. Diese unterliegt meist der subjektiven Wahrnehmung und kann deshalb nicht weiter generalisiert und definiert werden. In Kapitel 2.2 sind die wesentlichen rechtlichen Grundlagen zur Arbeitszeitregelung aufgeführt und grob erläutert worden. Demnach müssen auch hier bei Bedarf die gesetzlichen Regelungen genauer betrachtet werden. Des Weiteren sind in den Kapiteln 2.3 und 2.4 nur die für die Arbeit relevanten Teilaspekte in Bezug auf Arbeitszeitmodelle aufgeführt worden, da eine detailliertere Darstellung und Analyse zu umfangreich wären. Ähnliches gilt für die Definition und Untersuchung der Generation Y im Kapitel 2.5. Die Literatur bietet besonders zu diesem aktuellen Thema eine Vielzahl an Werken. Zu der zeitlichen Einteilung der verschiedenen Generationen ist hier zudem anzumerken, dass die Autoren zu diversen Ergebnissen bezüglich der Zeitrahmen gelangen und in dieser Arbeit ein Mittelweg verwendet worden ist.

Das Thema der Nutzung flexibler Arbeitszeitmodelle durch die Generation Y ist bis heute nicht genauer untersucht worden. Lediglich zum Stellenwert der flexiblen Arbeitszeiten sind bereits Daten erhoben und in Kapitel 2.6 zusammengestellt worden. Hierzu sind unterschiedliche Studien herangezogen und überprüft worden. Auffällig bei dem Vergleich der Studien ist, dass verschiedene Institute und Autoren zu ähnlichen Ergebnissen gelangen und der flexiblen Arbeitszeitverteilung einen hohen Stellenwert für die Generation Y einräumen. Die Ergebnisse dieser Studien befassen sich generell mit der Generation Y, jedoch ist von einem Altersunterschied der einzelnen Befragten auszugehen. Darum ist es fraglich, inwieweit die jüngeren Jahrgänge der Generation Y durch ihre geringe berufliche Vorerfahrung fundierte Aussagen über die Nutzung der Arbeitszeitmodelle treffen können. Die Repräsentativität der Studien ist ebenfalls kritisch zu betrachten, da häufig eine unterschiedliche Anzahl an Befragten untersucht worden ist. Außerdem stammt die Literatur und deren Analyse, die dieser Bachelor Thesis zugrunde liegt, hauptsächlich aus dem deutschsprachigen Raum und so können Schlussfolgerungen für andere

Regionen unterschiedlich ausfallen. Aus all den genannten Gründen kann nicht ausgeschlossen werden, dass die Empirie und die daraus gewonnenen Handlungsempfehlungen unvollständig sind.

3 Empirie

Den Hauptbestandteil dieses Kapitels bildet der Ablauf der empirischen Studie. Dazu gehört die Festlegung der Untersuchungsmethode und die Vorgehensweise. Anschließend erfolgen Auswertung und Interpretation der gewonnen Ergebnisse.

3.1 Methode

In dieser Arbeit ist eine induktive Herangehensweise verwendet worden. Sie baut deshalb nicht auf theoretischen Annahmen auf, sondern generiert neues Wissen, indem von einzelnen Untersuchungen auf die Allgemeinheit geschlossen wird.[130] Die Datenauswertung ist an die empirische Sozialforschung angelehnt, um soziale Sachverhalte systematisch erfassen und deuten zu können.[131] Die Untersuchungen sind mit Personen der Generation Y durchgeführt worden und sind somit in den sozialwissenschaftlichen Kontext einzuordnen.[132] Hierbei gibt es zwei verschiedene Forschungsrichtungen, die der quantitativen und der qualitativen Forschung.

Sozialwissenschaftler verstehen unter der qualitativen Methode „eine sinnverstehende, interpretative wissenschaftliche [Verfahrensweise] .. bei der Erhebung und Aufbereitung sozial relevanter Daten"[133]. Um den Stellenwert flexibler Arbeitszeitmodelle für die Generation Y besser verstehen zu können, ist deshalb die qualitative Erhebungsmethode verwendet worden. Die zentralen Prinzipien qualitativer Forschung schließen beispielsweise Offenheit, Forschung als Kommunikation, Prozesscharakter der Forschung oder Flexibilität mit ein.[134] Aus diesen lassen sich die sechs Gütekriterien nach Mayring ableiten. Die Gütekriterien sind allgemeine Regelungen zum Erhebungsverfahren und sollten bei einer qualitativen Forschung zu jeder Zeit beachtet werden, um hochwertige, wissenschaftliche Ergebnisse zu erhalten. Das erste Kriterium ist die Verfahrensdokumentation und fordert eine detaillierte Darstellung des Forschungsprozesses zur Nachprüfbarkeit. Die kommunikative Validierung soll die Reproduzierbarkeit der Ergebnisse sichern, während die Interpretationsabsicherung den Weg zur Interpretation genau dokumentiert. Das vierte Kriterium ist die Triangulation und setzt als Qualitätsmaßstab voraus, dass die unterschiedlichen qualitativen Methoden abgesichert und Daten

---

130 Vgl. *Hussy, W. u. a.*, Forschungsmethoden, 2010, S. 7.

131 Vgl. *Atteslander, P.*, Methoden der Sozialforschung, 1974, S. 11.

132 Vgl. *Reichertz, J.*, Soziologische Theorie, 2014, S. 69.

133 Vgl. *Hussy, W. u. a.*, Forschungsmethoden, 2010, S. 20.

134 Vgl. *Lamnek, S., Krell, C.*, Qualitative Sozialforschung, 2016, S. 33 ff.

überprüft sind. Des Weiteren muss die qualitative Forschung bestimmte Regelungen beim Vorgehen beachten, die zur Regelgeleitetheit gehören. Schließlich sollte das Kriterium der Nähe zum Untersuchungsgegenstand beachtet werden, um alle relevanten Informationen in einem natürlichem Umfeld erheben und in die Forschung einbeziehen zu können.[135] Bei der explorativen Forschung dieser Arbeit über die persönliche Einstellung der Untersuchungspersonen, die der Generation Y angehören, sind oben genannte Kriterien durchwegs einbezogen und geeignete qualitative Methoden gewählt worden. Um eine gute Vergleichbarkeit der Interviews zu gewährleisten, ist außerdem die Methode des Leitfadeninterviews herangezogen worden. Mithilfe eines einheitlichen Fragebogens, welcher jeder Untersuchungsperson zur Verfügung gestellt worden ist, können unterschiedliche Antworten beziehungsweise Untersuchungsergebnisse gut miteinander verglichen werden und sind aufgrund ihrer schriftlichen Form überprüfbar.[136]

Um sich ein umfassenderes Bild vom Untersuchungsgegenstand zu verschaffen, wird neben der primären qualitativen Methode auch die quantitative Methode herangezogen. Die quantitative Methode repräsentiert eine „Vorgehensweise zur numerischen Darstellung empirischer Sachverhalte."[137] Diese Methode unterstützt die qualitative Methode, damit soziale Sachverhalte und deren Zusammenhänge statistisch verglichen werden können. Des Weiteren erhöht die quantitative Methode die Reliabilität und Validität der Forschungsergebnisse.[138] Bei den hier verwendeten, standardisierten Fragen sollen die Auswahlmöglichkeiten einerseits die persönliche Einstellung darstellen und andererseits spezifizieren, welche Arbeitszeitmodelle genutzt werden.[139] Zusätzlich wird anhand von Skalen die Passung und Zufriedenheit mit dem jeweiligen Arbeitszeitmodell festgelegt. Laut Roch bringt diese Methode sowohl Präzision sowie gute Übersichtlichkeit und Vergleichbarkeit mit sich.[140]

Das Vereinen der qualitativen mit der quantitativen Untersuchungsmethode wird Methodenmix genannt.[141] Dieser Methodenmix hat den Vorteil, dass er quantifizierbare, klare Ergebnisse mit individuellen Einschätzungen kombinieren kann.

---

[135] Vgl. *ebd.*, S. 145 ff.

[136] Vgl. *Helfferich, C.*, Leitfadeninterview, 2014, S. 565.

[137] Vgl. *Hussy, W. u. a.*, Forschungsmethoden, 2010, S. 20.

[138] Vgl. *Roch, S.*, Mixed-Methods-Ansatz, 2017, S. 95.

[139] Vgl. *Hussy, W. u. a.*, Forschungsmethoden, 2010, S. 184.

[140] Vgl. *Roch, S.*, Mixed-Methods-Ansatz, 2017, S. 95.

[141] Vgl. *Hussy, W. u. a.*, Forschungsmethoden, 2010, S. 278.

3.2 Vorgehensweise

Im Folgenden wird auf die Auswahl und Recherche der Literatur, sowie auf die Vorgehensweise bei der Befragung und Auswertung der Forschungsergebnisse genauer eingegangen. Zu Beginn ist das Thema dieser Arbeit anhand von Literatur und Gesprächen mit Experten genauer eingegrenzt worden. Um sich einen Überblick zu verschaffen, ist nach Literatur und Zeitungsartikeln recherchiert worden. Die Suche hat sich vorwiegend auf Themengebiete zu den Vorstellungen, der Arbeitsweise und speziell den Arbeitszeitmodellen der Generation Y beschränkt worden. Dabei sind die Autoren Dr. Parment, Klaffke und Moskaliuk aufgefallen, deren Veröffentlichungen neben anderen für diese Arbeit relevant sind. Ausführliche Recherchen sind vorwiegend auf den Internetseiten des Springer Verlags, Google Scholar und der Wiso-Datenbank erfolgt. Häufige Suchwörter inkludieren beispielsweise „Arbeitszeitmodelle Generation Y", „Flexible Arbeitszeitmodelle", „Nutzung der Arbeitszeitmodelle durch die Generation Y", sowie „Stellenwert der Arbeitszeit für die Generation Y". Nachdem ein Überblick über das Thema entstanden ist, sind Einleitung und Theorie erstellt worden. Diese erläutern alle relevanten Begrifflichkeiten der Forschungsfrage und des Themas.

Als nächstes ist der Fragebogen erstellt worden. Die Sammlung der Fragen ist mithilfe der Literaturrecherche und in Abstimmung mit der Betreuerin dieser Bachelorthesis erfolgt. Der Fragebogen ist nach Erstellung zunächst auf die Relevanz in Zusammenhang mit der Zielsetzung geprüft worden, um eine vollumfängliche Beantwortung der Forschungsfrage zu gewährleisten. Daraufhin ist ein Interviewleitfaden mit fester Reihenfolge erstellt worden. Dieser ist schriftlich nach dem SPSS-Prinzip ausgearbeitet worden. Dieses Prinzip besagt, dass die Strukturierung des Leitfadens in vier Schritten erfolgen soll. Diese Schritte umfassen das Sammeln von möglichst vielen Fragen, Prüfen der Fragen, Sortieren nach inhaltlichen Gesichtspunkten und Subsumieren der einzelnen Aspekte.[142] Zur Vorbereitung der Interviews sind drei Pretests durchgeführt worden. Generell soll der Test darüber Aufschluss geben, ob Fragen noch abgeändert oder ausgetauscht werden müssen.[143] Obwohl der erste Pretest erfolgreich verlaufen ist, hat der zweite den Autor zu umfangreicheren Änderungen veranlasst. Der dritte Test des Fragebogens hat schließlich zur Kontrolle gedient. Hierbei hat der Test ergeben, dass der Fragebogen keine Fehler oder Unklarheiten enthält.

---

[142] Vgl. *Helfferich, C.*, Leitfadeninterview, 2014, S. 567 f.
[143] Vgl. *Berger-Grabner, D.*, Wissenschaftliches Arbeiten, 2016, S. 114.

Der Fragebogen umfasst 17 Fragen, davon sind 14 mit festgelegten Auswahlmöglichkeiten oder Skalen versehen. Die restlichen drei Fragen sind offen gestellt und
erzählauffordernd ausformuliert, um die subjektive Skaleneinschätzung zu be-
gründen. Der Fragebogen befasst sich mit den aktuellen Wahlmöglichkeiten bei Arbeitszeitmodellen, sowie generellen Angaben zur Person und zum Unternehmen
der Interviewpartner. Dabei sind zudem Haltungs- und Überzeugungsfragen inkludiert worden. Um die 17 Fragen sinnvoll zu strukturieren, sind Schwerpunkte zu
Themenblöcken gesetzt worden. Der erste Interviewblock erfasst personenbezogene Daten und soll einen angenehmen Einstieg in die Interviewsituation ermöglichen. Hier werden dem Interviewpartner Fragen über seinen Geburtsjahrgang,
über die derzeitigen Verpflichtungen in seinem Leben, sowie über die Dauer der
aktuellen Betriebszugehörigkeit gestellt. Gegenstand des zweiten Themenblocks
sind Informationen zum Arbeitgeber. Hierzu zählen die Mitarbeiteranzahl und das
Angebot an Arbeitszeitmodellen für Mitarbeiter. Der dritte Abschnitt der Befragung fokussiert sich auf Arbeitszeitmodelle. Hierbei wird speziell auf das aktuelle
Arbeitszeitmodell, dessen Relevanz und den Zufriedenheitsgrad eingegangen, sowie die Passung zu gewissen Lebensabschnitten oder Arbeitsbereichen diskutiert.
Abschließend beinhaltet der vierte Themenblock geplante Veränderungen. Ziel ist
es, unter Annahme von möglichen zukünftigen Lebensereignissen, Veränderungen
in Bezug auf die subjektive Einstellung zum Arbeitszeitmodell festzustellen.

Die finale Querschnitterhebung, worunter eine einmalige punktuelle Erhebung zu
verstehen ist, hat sich auf einen Untersuchungszeitraum vom 31.03.2020 bis
23.04.2020 erstreckt.[144] Es sind insgesamt 40 Personen der Generation Y, die aus
den Geburtsjahrgängen von 1981 bis 2000 stammen, mithilfe eines Leitfadeninterviews befragt worden. Davon handelt es sich bei 25 Personen um Studenten, die
sich zusätzlich neben dem Berufsalltag weiterbilden. 15 weitere Befragte haben
meist eine abgeschlossene Ausbildung und bereits eine Familie gegründet. Für
diese Thesis sind alle männlichen und weiblichen Personen relevant, die sich in
einem Arbeitsverhältnis befinden und aus der Generation Y stammen. Um die Qua-
lität der Ergebnisse sicherzustellen, sind nur vom Autor ausgewählte Personen
herangezogen worden. Die Eingrenzung auf 40 Interviewpartner ist im Top-Down-
Verfahren, durch die Festlegung relevanter Kriterien vor Untersuchungsbeginn,
vorgenommen worden.[145] Um die Validität der Ergebnisse sicherzustellen, ist Wert

---

[144] Vgl. *Berger-Grabner, D.*, Wissenschaftliches Arbeiten, 2016, S. 113 f.
[145] Vgl. *Hussy, W. u. a.*, Forschungsmethoden, 2010, S. 190 ff.

auf eine Diversität der Unternehmensgrößen und der aktuellen Lebenssituationen der Untersuchungspersonen gelegt worden. Fünf Interviews haben persönlich stattgefunden, 35 Befragungen sind mithilfe eines E-Mail-Interviews geführt worden. Die fünf Interviewpartner, die persönlich befragt worden sind, sind Personen aus dem Freundes- und Kollegenkreis des Verfassers. Die Rekrutierung und Terminfestlegung ist über E-Mails und persönliche Textnachrichten erfolgt. Vor den Gesprächen haben die Befragten den Interviewleitfaden und weitere Rahmeninformationen zur Umfrage erhalten. Somit ist eine inhaltliche Vorbereitung möglich gewesen. Aufgrund der Corona-Krise zum Zeitpunkt der Interviews hat sich der Autor statt Interviews vor Ort für Befragungen über Videokonferenzen entschieden. Die Dauer dieser Konversationen hat zwischen acht und 13 Minuten variiert. Für die restlichen 35 Befragten sind schriftliche, qualitative Interviews durchgeführt worden. Diese Befragungen sind als asynchrones E-Mail-Interview einzuordnen, da sie zeitversetzt innerhalb eines kurzen Zeitraums in elektronischer Form beantwortet worden sind.[146] Es handelt es sich hierbei um die schriftliche Beantwortung des Fragebogens, in welcher der Befragte in Abwesenheit des Interviewers seine Meinungen und Gedanken niederschreibt.[147] Bei dieser Art der Befragung ist besonders darauf zu achten, dass alle Fragen klar formuliert und verständlich sind. So kann man unpassende Antworten verhindern und die Validität der Antworten sicherstellen. Die E-Mails sind vom Autor direkt an die untersuchten Personen gesendet worden. Da Übersichtlichkeit bei einer großen Anzahl an Interviews wichtig ist und die Interviewpartner über das notwendige, technische Verständnis verfügen, ist in die E-Mails ein Link zu einem Online-Fragebogen eines Befragetools eingefügt worden. Die Online-Umfrage hat eine klar strukturierte Gestaltung des Fragebogens ermöglicht und ist nach Ausfüllen des Fragebogens bereits verschriftlicht.

---

[146] Vgl. *Misoch, S.*, E-Mail Interview, 2019, S. 184 ff.; *Gibson, L.*, Using Email Interviews, 2010, S. 1 f.

[147] Vgl. *Schiek, D.*, Schriftliche Interviews, 2014, S. 379 ff.

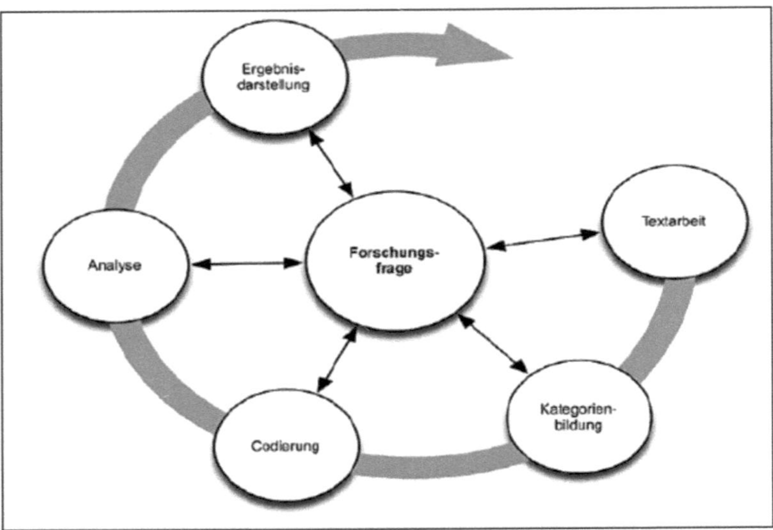

Abbildung 4: Ablaufschema von qualitativen Inhaltsanalysen
Quelle: Kuckartz U., Methoden für Inhaltsanalyse, 2016, S. 45

Anschließend sind die ausgefüllten Fragebögen anhand des Schemas in Abbildung 4 weiterverarbeitet worden. Die Grafik von Kuckartz zeigt einen optimalen Ablauf der Inhaltsanalyse, bei welcher nacheinander die Niederschriften kategorisiert werden und codierte Abschnitte den jeweiligen Kategorien zugeordnet werden. Zum Schluss sollten die Informationen analysiert und die Ergebnisse geeignet dargestellt werden. So sind zuerst die Rohdaten nach Transskriptregeln niedergeschrieben und anonymisiert worden. Diese verarbeiteten, wörtlichen Transskripte bilden die Grundlage des Empirie-Abschnittes. Um sich mit dem Inhalt der Interviews vertraut zu machen, sind die Aufzeichnungen mehrfach gelesen worden. Daraufhin sind alle aufbereiteten Textarbeiten in Kategorien eingeteilt worden. Mithilfe des computerunterstützten Inhaltsanalyseprogramms MAXQDA ist zuerst das Interview 1 vollständig codiert worden, um die Aufteilung der Kategorien zu überprüfen.[148] Nach einigen Anpassungen sind die Kategorien auch für die restlichen 39 Interviews abgeändert worden. Aus diesem Grund ist es notwendig gewesen das Codesystem in Teilen anzugleichen. Die Analyse der Kodierung und daraus folgender Erkenntnisse ist aufgrund der Übersichtlichkeit im QDA-Tool durchgeführt worden.

---

[148] Vgl. *Lamnek, S. und Krell, C.*, Qualitative Sozialforschung, 2016, S. 481.

Die Auswertung der Codierung wird im folgenden Kapitel 3.3 genauer beschrieben und analysiert. Anschließend werden die ausgewerteten Daten in Kapitel 3.4 interpretiert, sowie die Forschungsergebnisse präsentiert.

3.3 Auswertung

Die Auswertung befasst sich mit der Darstellung der codierten Ergebnisse aus den Leitfadeninterviews. Während der Datenaufbereitung sind vier Kategorien erstellt worden. Diese lauten „Personenbezogene Daten", „Informationen zum Arbeitgeber", „Aktuelles Arbeitszeitmodell" mit der Subkategorie „Arbeitgeberwechsel aufgrund von Arbeitszeitmodell" und die „Veränderung des Arbeitszeitmodells in Bezug auf die Lebensplanung". Die jeweiligen Kategorien, abgeleitet aus den Aussagen der Befragten und den dazugehörigen Erkenntnissen, werden anhand der induktiven Inhaltsanalyse nach Mayring dargestellt.[149] Mithilfe erhobener Daten, entsprechender Grafiken, sowie direkter und indirekter Zitate aus den Interviews werden die verschiedenen Kategorien analysiert und begründet.

Die erste Auswertung der Interviews bezieht sich auf die personenbezogenen Daten der Interviewpartner und untersucht Geburtsjahrgang, private Verpflichtungen und Betriebszugehörigkeit. Bei allen Befragten liegt das Geburtsjahr zwischen 1981 und 2000.[150] Alle untersuchten Personen geben an, dass sie neben dem Beruf aktuell zusätzliche Verpflichtungen haben. 27 der 40 Befragten befinden sich aktuell in einer Weiterbildung, 20 haben Freizeitverpflichtungen und 19 sind in einer Lebenspartnerschaft oder haben familiäre Verpflichtungen.[151] Im Gegensatz dazu variiert die Dauer der Betriebszugehörigkeit. Bei ihrem aktuellen Arbeitgeber sind 15 % weniger als ein Jahr, 42,5 % der Befragten ein bis drei Jahre, 20 % drei bis fünf Jahre und 22,5 % länger als fünf Jahre angestellt.[152]

In der darauffolgenden Kategorie „Informationen zum Arbeitgeber" stellt sich heraus, welche Arbeitszeitmodelle den Mitarbeitern von ihren Betrieben angeboten werden. Bei den Arbeitgebern handelt sich zu 65 % um Großbetriebe mit mehr als 250 Mitarbeitern, zu 15 % aus Unternehmen mit mittlerer Größe und 50-249 Mitarbeitern und zu 20 % aus kleineren Unternehmen mit 0-49 Mitarbeiter.[153] Die

---

[149] Vgl. *Mayring, P.*, Qualitative Inhaltsanalyse, 2015, S. 85.

[150] Vgl. *Interview 1-40*, 2020. Die Transkriptionen zu den Interviews sind in dieser Publikation nicht enthalten.

[151] Vgl. *Interview 1-40*.

[152] Vgl. *Interview 1-40*.

[153] Vgl. *Interview 1-40*.

Interviewteilnehmer geben bezüglich der Anzahl von angebotenen Arbeitszeitmodellen an, dass die Arbeitgeber meist mehrere Modelle zur Verfügung stellen. Besonders Großbetriebe stellen durchschnittlich mehr als vier Modelle bereit, mittlere oder kleinere Betriebe durchschnittlich nur zwei. Wie Abbildung 5 zeigt, bieten Unternehmen am häufigsten Vertrauensarbeitszeit, Gleitzeit und feste Arbeitszeit an. Zusätzliche Arbeitszeitmodelle inkludieren Mehrarbeit, Nacht- und Schichtarbeit, Wahlarbeitszeit, Rufbereitschaft, Altersteilzeit, Funktionsarbeitszeit, komplette Arbeitszeitfreiheit, Bereitschaftsdienst, Jobsharing und Lebensarbeitszeit. Die Wahlarbeitszeit schließt in dieser Arbeit auch Wochenarbeitspläne mit ein. Aufgrund bestimmter Faktoren, wie Position oder Abteilung, ist für die Befragten aber vermehrt nur eine gewisse Auswahl an Arbeitszeitmodellen zusammengestellt worden. Diese besteht überwiegend aus Gleitzeit, fester Arbeitszeit oder Wahlarbeitszeit. Außerdem haben die Interviewpartner angegeben, dass ihnen im Gegensatz zu den restlichen Mitarbeitern persönlich die Modelle Altersteilzeit, Jobsharing und Lebensarbeitszeit überhaupt nicht angeboten worden sind.

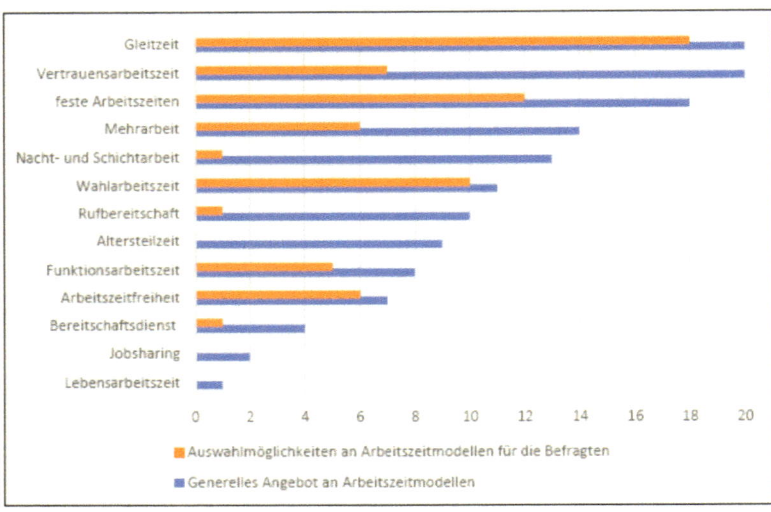

Abbildung 5: Welche Arbeitszeitmodelle bieten Arbeitgeber an?
Quelle: Eigene Darstellung

Um bei den jeweiligen Modellen die Arbeitszeit zu erfassen, verlassen sich die Arbeitgeber in 13 von 40 Fällen auf ein gegenseitiges Vertrauen ohne Zeiterfassung. Des Weiteren stehen für die Zeiterfassung elf Befragten eine Software, acht eine Stempelkarte, sechs eine Excel-Liste, fünf eine Stechuhr, drei Intranetplattformen, zwei ein Papierbeleg und einem ein Onlinetool zur Verfügung. Manchen werden auch mehrere Lösungen angeboten.[154]

Die größte Kategorie beschäftigt sich mit dem aktuell genutzten Arbeitszeitmodell. Bei 40 Befragten sind insgesamt sechs Modelle angegeben worden. In Abbildung 6 ist erkennbar, dass die mit Abstand am meisten genutzten Modelle Gleitzeit mit 35 % und feste Arbeitszeiten mit 30 % sind. Es folgen Wahlarbeitszeit mit 12,5 %, Vertrauensarbeitszeit mit 10 %, Arbeitszeitfreiheit mit 7,5 % und Funktionsarbeitszeit mit 5 %.

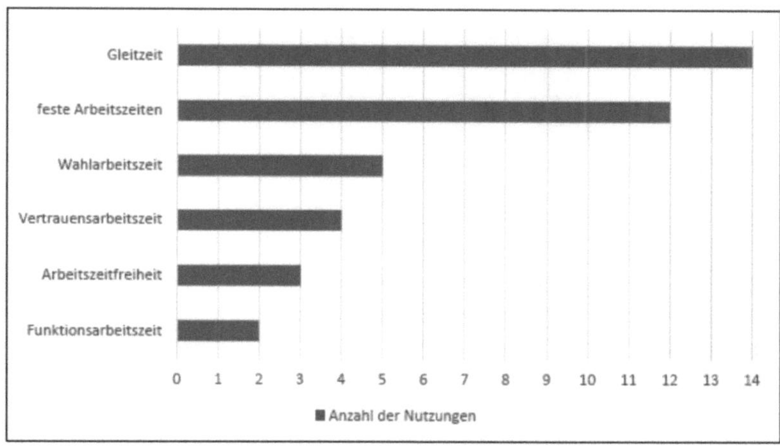

Abbildung 6: Aktuell genutztes Arbeitszeitmodell
Quelle: Eigene Darstellung

Die Befragten sind zu 70 % in Vollzeit und zu 30 % in Teilzeit tätig.[155] Um die Zufriedenheit der Untersuchungspersonen mit ihrem aktuellen Arbeitszeitmodell zu bestimmen, ist die subjektive Einschätzung in einer Skala eingetragen worden. Das Spektrum reicht von „+++", sehr zufrieden beziehungsweise sehr passend, bis „---", sehr unzufrieden beziehungsweise gar nicht passend. Die Zufriedenheit wird hierbei anhand drei Bereiche gemessen worden. Zuerst ist erfragt worden, inwieweit das Arbeitszeitmodells zu dem Verantwortungs- beziehungsweise Aufgabenbereich passt. Die zweite Skala beschäftigt sich mit der Übereinstimmung von privaten Verpflichtungen und Arbeitszeiten.

---

[154] Vgl. *Interview 1-40.*
[155] Vgl. *Interview 1-40.*

Daraufhin sind die Befragten in der dritten Skala dazu aufgefordert worden, die allgemeine Zufriedenheit mit dem Arbeitszeitmodell anzugeben. Tabelle 1 zeigt die durchschnittlichen Einschätzungen aller 40 befragten Personen.

	Gleitzeit	Feste Arbeitszeit	Vertrauensarbeitszeit	Wahlarbeitszeit	Arbeitszeitfreiheit	Funktionsarbeitszeit
1. Passend zum Verantwortungsbereich	+++	- / --	+++	+ / ++	+++	+++
2. Passend zum Leben	+++ / ++	-	+++ / ++	+	+++	+++
3. Zufriedenheit mitArbeitszeitmodell	+++ / ++	--	+++ / ++	+	+++	+++

Tabelle 1: Skala zur Einschätzung des aktuellen Arbeitszeitmodells
Quelle: Eigene Darstellung

Alle Befragten, die im Modell der Gleitzeit arbeiten, sind „sehr zufrieden"[156], da sie ihre Arbeitszeit flexibel gestalten können.[157] Sie dürfen über Arbeitsbeginn und -ende frei entscheiden und können so das Berufsleben „flexibel an .. [das] Privatleben anpassen"[158]. Außerdem wird die Zeitplanung einfacher und die Work-Life-Balance ausgeglichener.[159] Je nach Lebenssituation kann in besonderen Situationen den „individuellen Verpflichtungen"[160] nachgegangen werden. So kann beispielsweise ein berufstätiger Student den „Freizeitausgleich für das Studium verwenden"[161]. Verbesserungswünsche sind der Wegfall von Kernarbeitszeiten und die Lockerung oder Verlängerung der Rahmenarbeitszeiten, um die Zeit noch freier einteilen zu können.[162]

---

[156] *Interview 26; Interview 39.*

[157] Vgl. *Interview 11; Interview 24; Interview 27; Interview 34.*

[158] *Interview 39.*

[159] Vgl. *Interview 5.*

[160] *Interview 21.*

[161] *Interview 25; Interview 21; Interview 34.*

[162] Vgl. *Interview 16; Interview 37.*

Im Gegensatz zur Gleitzeit sind Interviewpartner mit festen Arbeitszeiten meist unzufrieden, da sie gerne mehr Arbeitszeitfreiheiten und Flexibilität hätten.[163] Dies ist unter anderem ein Grund, warum das Arbeitszeitmodell „nicht mehr [als] zeitgemäß"[164] angesehen wird. Als bessere Alternative schlagen einige der Interviewpartner Gleitzeit vor.[165] Jedoch ist in gewissen Branchen die feste Arbeitszeit unumgänglich, wie in Schulen oder im Einzelhandel.[166] Drei der zwölf Interviewpartner sehen feste Arbeitszeiten als positiv an, da der Tagesablauf geregelt ist und sie sich dadurch nicht in anderen Aufgaben verlieren.[167] Abschließend ist bei diesem Arbeitszeitmodell anzumerken, dass einige Arbeitnehmer dieser Gruppe Sorgen oder Kritik äußern. So sieht der Interviewpartner 25 zum Beispiel die Gefahr, dass er durch fremdes Verschulden zu spät kommen und dadurch seinen Job verlieren könnte.[168]

Das Modell der Vertrauensarbeitszeit wird generell sehr positiv eingeschätzt, was aus der zugestandenen Flexibilität resultiert. Der Arbeitgeber überlässt hier dem Arbeitnehmer die Einteilung der Arbeitszeiten, vorausgesetzt die beruflichen Termine können wahrgenommen werden.[169] Aufgrund der Entscheidungsfreiheit ist die Vertrauensarbeitszeit für die Befragten ein sehr angenehmes Arbeitszeitmodell und sie äußern keine weiteren Verbesserungswünsche.[170] Die einzige Kritik bezieht sich auf die Nicht-Erfassung der Arbeitszeit. Man muss bei diesem Modell als Arbeitnehmer eigenständig darauf achten, dass „man die Wochenarbeitszeit nicht um das zig-fache überschreitet und sich damit selber belastet".[171]

Die fünf Befragten, die die Wahlarbeitszeit nutzen, sind unterschiedlich zufrieden mit dem Modell. Während ein Interviewpartner die Notwendigkeit einer Arbeitszeitplanung weit im Voraus und die dadurch fehlende Spontanität bemängelt, nehmen andere den Sachverhalt positiv als Planungssicherheit und Stütze für das

---

[163] Vgl. *Interview 2; Interview 6; Interview 25; Interview 29; Interview 31, Interview 33.*

[164] Vgl. *Interview 2; Interview 35.*

[165] Vgl. *Interview 14; Interview 31; Interview 33; Interview 35.*

[166] Vgl. *Interview 12; Interview 19.*

[167] Vgl. *Interview 10; Interview 12; Interview 25.*

[168] Vgl. *Interview 25.*

[169] Vgl. *Interview 32; Interview 36; Interview 38.*

[170] Vgl. *Interview 7; Interview 36; Interview 38.*

[171] *Interview 36.*

private Leben wahr.[172] Die Planungssicherheit meint, dass berufliche Termine schon länger feststehen und nicht mit privaten Verpflichtungen kollidieren.[173]

Arbeitnehmer in Arbeitszeitfreiheit berichten von sehr großer Zufriedenheit mit ihrem Arbeitszeitmodell.[174] Dieses lässt sich am flexibelsten anpassen und Mitarbeiter haben eine „komplett freie Zeiteinteilung"[175].

Ebenso erzielt das Modell der Funktionsarbeitszeit eine hohe Zufriedenheit, welche mit der Flexibilität begründet wird. Die Interviewpartner sehen hier als Vorteil, dass Arbeitsbeginn und -ende den Wünschen der Mitarbeiter angepasst werden können, solange die Arbeit erledigt wird.[176]

Die Kategorie „Aktuelles Arbeitszeitmodell" beinhaltet außerdem die Subkategorie „Arbeitgeberwechsel aufgrund von Arbeitszeitmodell". Hierbei sind die Antworten der Befragten ausgewertet und danach durchsucht worden, ob für sie ein Arbeitgeberwechsel aufgrund des Arbeitszeitmodells in Frage kommt. Alle, die aktuell in Gleitzeit, Vertrauensarbeitszeit, Funktionsarbeitszeit oder Arbeitszeitfreiheit arbeiten, sind zufrieden mit ihrem Arbeitszeitmodell und ziehen aus diesem Grund einen Wechsel aktuell nicht in Betracht.[177] Für den Interviewpartner 26 in Gleitzeit kommt zum Beispiel ausschließlich ein „Arbeitgeber mit flexiblem Arbeitszeitmodell in Frage"[178]. Im Gegensatz dazu können sich Befragte mit starrem Arbeitszeitmodell grundsätzlich schon vorstellen, den Arbeitgeber wegen fehlender Flexibilität zu wechseln.[179] Nur für zwei Interviewpartner sind die gute Stimmung und die anderen Arbeitsbedingungen wichtiger als die Arbeitszeit.[180] Die restlichen Betroffenen können sich aber einen Arbeitgeberwechsel vorstellen.[181] Ein Grund hierfür ist, dass Arbeitnehmer mit festen Arbeitszeiten „kaum Zeit für persönliche Fortbildungen und Sozialkontakte"[182] haben. Somit kann dieses Arbeitszeitmodell,

---

[172] Vgl. *Interview 3; Interview 4; Interview 22.*

[173] Vgl. *Interview 20.*

[174] Vgl. *Interview 8; Interview 9.*

[175] *Interview 18.*

[176] Vgl. *Interview 1; Interview 40.*

[177] Vgl. *Interview 1, 5, 7-9, 11, 13, 16, 18, 21, 24, 34, 36-40.*

[178] *Interview 26.*

[179] Vgl. *Interview 8, 11, 16, 24, 26, 27, 32, 34, 38-40.*

[180] Vgl. *Interview 6, Interview 10.*

[181] Vgl. *Interview 2, 14, 19, 25, 28, 29, 33, 34, 35.*

[182] *Interview 19.*

wie bei Interviewpartner 33, zur psychischen Belastung werden.[183] Zwei Befragte haben tatsächlich schon ihren Arbeitgeber aufgrund der fehlenden Arbeitszeitflexibilität gewechselt.[184] Eine Ausnahme bei den festen Arbeitszeiten ist eine Lehrerin, in deren Fall ein Wechsel keinen Sinn machen würde.[185] Beschäftigte in Wahlarbeitszeit sehen ihr Modell ebenso als unflexibel an und können sich vorstellen zu einem anderen Arbeitgeber und somit zu einem flexibleren Modell zu wechseln.[186] Der Wechselwunsch ist besonders bei Befragten, die ihre Zeiten weit im Voraus planen müssen, vorhanden.

In der letzten Kategorie „Veränderung des Arbeitszeitmodells in Bezug auf die Lebensplanung" haben die Befragten ihre Zukunftspläne und die sich dadurch verändernden Ansichten zu Arbeitszeitmodellen erläutert. Ein Großteil der Befragten sieht sich in fünf Jahren in einer Führungsposition, mit einer Familie oder in einer Weiterbildung. Des Weiteren können sich einige vorstellen, ihre Hobbys zu intensivieren oder rechnen mit einem zeitaufwändigen Pflegefall im direkten Umfeld.[187] Außerdem sind die Interviewpartner dazu befragt worden, ob sich durch zukünftige, ausgelöste Lebensereignisse ihre Einstellung zu den Arbeitszeitmodellen verändert. Hierbei war sich die Mehrheit sicher, dass sie dieselben Einstellungen und Ansichten von heute ebenso in der Zukunft vertreten. Diejenigen, die aktuell mit ihrem Modell zufrieden sind, werden dies voraussichtlich in der Zukunft auch sein. Den Untersuchten, die sich aktuell nicht wohl fühlen, ist die Flexibilität des zukünftigen Arbeitszeitmodells wichtig und sie wünschen sich häufig Gleitzeit.[188] Besonders bei den Interviewpartnern, die eine Familie gründen möchten, „spielt das Arbeitszeitmodell .. eine wichtige Rolle"[189]. Für diese Personen wäre es „sinnvoll, eine freie Arbeitszeitgestaltung zu haben"[190]. Einige könnten sich beispielsweise vorstellen abends, sobald die Kinder im Bett sind, nochmal ein paar Stunden weiterzuarbeiten.[191]

---

[183] Vgl. *Interview 33*.

[184] Vgl. *Interview 2; Interview 24*.

[185] *Interview 12*.

[186] Vgl. *Interview 3, 4, 20, 30*.

[187] Vgl. *Interview 1-40*.

[188] Vgl. *Interview 10-11, 27, 30-32*.

[189] *Interview 40*.

[190] *Interview 18*.

[191] Vgl. *Interview 36; Interview 37*.

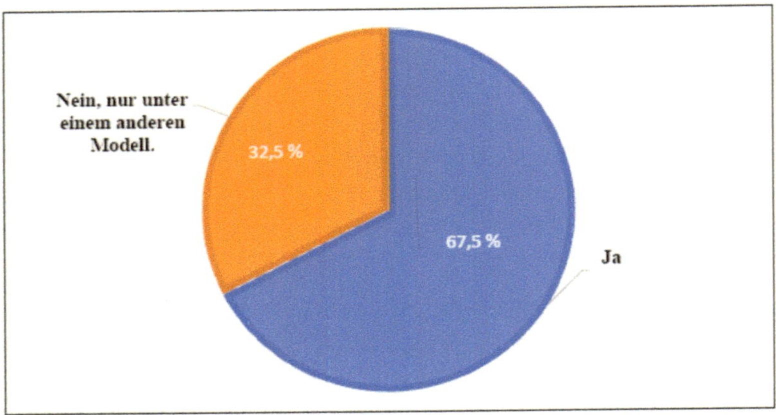

Abbildung 7: Können sie es sich vorstellen, in fünf Jahren unter ihrem heutigen Arbeitszeitmodell ebenso zu arbeiten?
Quelle: Eigene Darstellung

Wie Abbildung 7 zeigt, können sich 67,5 % der Befragten vorstellen, in Zukunft unter dem aktuellen Arbeitszeitmodell weiterhin zu arbeiten. Diese arbeiten aktuell
vor allem in den Modellen Gleitzeit, Funktionsarbeitszeit, Vertrauensarbeitszeit
Wahlarbeitszeit, und Arbeitszeitfreiheit. Unter den 67,5 % sind vier Interviewpartner, die starre Arbeitszeiten haben und sich auch vorstellen können in
dem Modell weiter zu arbeiten. Aus deren Sicht muss beispielsweise „das Gesamt-
paket .. passen"[192] oder sie finden „mit Familie .. feste Arbeitszeiten besser"[193]. Ein
Befragter kann es sich vorstellen, setzt aber voraus, dass er mehr Gehalt bekom-
men muss.[194] Die übrigen 32,5 % der Interviewpartner können sich nicht vorstellen im jetzigen Modell weiterhin in der Zukunft zu arbeiten. Zu dieser Gruppe gehören primär die Befragten mit festen Arbeitszeiten, die sich mehr Flexibilität,
meist in Form von Gleitzeit, wünschen.[195]

---

[192] *Interview 25.*

[193] *Interview 6.*

[194] Vgl. *Interview 29.*

[195] Vgl. *Interview 2, 3, 10, 14, 19, 28, 30, 31, 33, 35.*

3.4 Interpretation

In diesem Abschnitt werden die subjektiven Aussagen und ausgewerteten Daten aus Kapitel 3.3 in Hinblick auf die Forschungsfrage interpretiert. Zur Übersichtlichkeit werden hier die gebildeten Kategorien jeweils nacheinander untersucht.

In der ersten Kategorie werden die „Personenbezogenen Daten" erfragt. Alle 40 Interviewpartner sind zwischen 1981 und 2000 geboren worden und stammen somit aus der für diese Arbeit relevanten Generation Y. Deshalb fließen alle erhobenen Interviews in die Interpretation mit ein. Viele befinden sich in der Ausbildung oder beschäftigen sich regelmäßig mit ihrem Hobby. Die geringe Anzahl von privaten Verpflichtungen ist in Zusammenhang mit dem teils noch jungen Lebensalter zu sehen. Die Untersuchungspersonen, die familiäre Verpflichtungen angeben, gehören zu den ältesten Mitgliedern dieser Generation und sind bis zu 39 Jahre alt. Dies begründet, weshalb einige Befragten bereits selbst eine Familie gegründet haben. Außerdem findet sich eine kurze Betriebszugehörigkeit in den erhobenen Daten. Einige Befragte sind sehr jung und noch nicht lange ins Berufsleben eingetreten. Dem Großteil ist es aber aufgrund der aktuellen wirtschaftlichen Lage nicht mehr so wichtig, lange bei einem Arbeitgeber beschäftigt zu sein. Aus diesen Gründen gibt fast die Hälfte der Befragten an, für den aktuellen Arbeitgeber zwischen einem und drei Jahren zu arbeiten.

Bei den „Informationen über den Arbeitgeber" sind zuerst die Unternehmensgrößen der Befragten analysiert worden. Ein Großteil der Befragten arbeitet in Großbetrieben. Dies ist auf den geografischen Raum zurückzuführen, da die Untersuchungspersonen fast ausschließlich im Stadtgebiet München wohnen und dort viele große Firmen angesiedelt sind. Viele dieser großen Betriebe bieten ihren Mitarbeitern mehrere Arbeitszeitmodelle an. Ein Grund hierfür sind die vielschichtigen Arbeitsbereiche, für welche die Arbeitszeitmodelle unterschiedlich festgelegt sind. Meist haben die Unternehmen neben Verwaltungsaufgaben eine Produktion oder weitere Abteilungen. Kleinere Unternehmen bestehen meist aus wenigen Bereichen und somit arbeiten große Teile der Mitarbeiter im selben Modell. Zu Fragen bezüglich des Angebots an Arbeitszeitmodellen sind die Erkenntnisse aus der Theorie deckungsgleich mit der Erhebung. Häufig folgen Arbeitgeber dem Trend und bieten den Mitarbeitern Gleitzeit und Vertrauensarbeitszeit an. Dennoch ist zu sehen, dass feste Arbeitszeiten immer noch stark vertreten sind. Mehrarbeit, Nacht- und Schichtarbeit und Rufbereitschaft werden im Vergleich zu früher deutlich weniger genutzt. Dies kann an den Arbeitsaufgaben der Befragten liegen, da sie größtenteils in Bürojobs bei Wirtschaftsunternehmen tätig sind. Jobsharing,

Lebensarbeitszeit und Altersteilzeit werden gar nicht genutzt. Beispielsweise bei Altersteilzeit ist diese Erkenntnis darauf zurückzuführen, dass dieses Modell ausschließlich für ältere Mitarbeiter geeignet ist. Die Arbeitszeiterfassung erfolgt bei vielen Mitarbeitern ohne Vertrauensarbeitszeit auch häufig auf Vertrauensbasis. Mitarbeitern, die in Gleitzeit oder Funktionsarbeitszeit arbeiten, wird besonders oft eine Lösung mit Software oder Stempelkarte angeboten. Diese Lösungen dienen neben der Anwesenheitsüberprüfung ebenso als Basis eines Arbeitszeitkontos.

Die Hauptkategorie mit dem Thema „Aktuelles Arbeitszeitmodell" beginnt mit der Betrachtung genutzter Arbeitszeitmodelle. Über 75 % der Untersuchungspersonen arbeiten in Arbeitszeitmodellen, bei denen die Mitarbeiter Flexibilisierungsmöglichkeiten besitzen. Die übrigen haben starre, feste Arbeitszeiten, was in gewissen, in der Theorie dargestellten Branchen und Bereiche teils notwendig ist. Die Beschäftigten, die in diesen Modellen in Teilzeit arbeiten, haben meist nebenbei noch weitere, zeitaufwendige Verpflichtungen. Oft handelt es sich hierbei um eine Weiterbildung oder familiäre Verpflichtungen. Zusätzlich können einige Betriebe aufgrund der Mitarbeitergröße nur feste Arbeitszeiten anbieten, da sie eine dauerhafte Erreichbarkeit für Externe gewährleisten müssen. Die Angaben bezüglich der Zufriedenheit mit dem jeweiligen Arbeitszeitmodell sind unterschiedlich ausgefallen. Dennoch weisen die Ergebnisse innerhalb der Arbeitszeitmodelle einen eindeutigen Trend auf und die Theorie findet sich in der Praxis wieder. Je flexibler die Modelle, desto höher ist der Zuspruch der Untersuchungspersonen. So erhalten die flexibelsten Arbeitszeitmodelle mit Arbeitszeitfreiheit und Funktionsarbeitszeit die besten Bewertungen. Diese Einschätzung ist darauf zurückzuführen, dass sich die Arbeitnehmer den Tag uneingeschränkt, eigenverantwortlich und nach eigenem Ermessen einteilen können. Diese Freiheit wirkt bei den meisten Interviewpartnern motivierend und zufriedenstellend für alle Bereiche des Lebens. Beschäftigte in Gleitzeit oder Vertrauensarbeitszeit, die am meisten genutzten Modelle der Generation Y, äußern hier eine sehr hohe allgemeine Zufriedenheit. Diese ist auf die Flexibilität in der Einteilung der Arbeitszeit zurückzuführen. Die Kritik an diesem Modell fällt gering aus und könnte auf das noch meist junge Alter und einen dadurch fehlenden Vergleich zu anderen Modellen zurückzuführen sein. Die Wahlarbeitszeit wird grundsätzlich als positiv angesehen. Dennoch belegt sie in der Befragung den vorletzten Platz bei den Punkten Zufriedenheit und Passung zum Leben, sowie zum Verantwortungsbereich. Dieser Unterschied liegt besonders an der unterschiedlichen Interpretation des Modells. Es gibt zwar keine zeitliche Flexibilität, aber Planungssicherheit durch frühzeitige Festsetzung der Arbeitszeiten. Feste Arbeitszeiten sind mit Abstand das Modell, mit dem die Arbeitnehmer der Generation Y am unzufriedensten sind. Bis auf diejenigen, die dieses Modell aufgrund der Branche oder der zu verrichtenden Aufgaben nutzen müssen, stößt es auf hohe Ablehnung. Viele Mitarbeiter sehen, welche Flexibilität möglich sein kann, und haben diesbezüglich beispielsweise einen Wunsch nach Gleitzeit entwickelt. Private Termine während der Arbeitszeit und Spontanität sind in festen Arbeitszeiten nicht möglich. Dieses Arbeitszeitmodell passt meist nicht zu den jüngeren Arbeitnehmern der Generation Y und ist in der heutigen Gesellschaft nicht mehr zeitgemäß. Unter anderem durch die Möglichkeiten der Digitalisierung überschneiden sich Berufs- und Privatleben und es ist notwendig geworden, sich die Zeit frei einteilen zu können. Nicht nur bestehende Studien zum Stellenwert flexibler Arbeitszeiten, welche im Theorieteil erwähnt worden sind, sondern auch die Interviews zeigen, dass der Wunsch nach mehr Flexibilität sogar ein Grund für Arbeitgeberwechsel sein kann. Auf diese Thematik geht die Subkategorie „Arbeitgeberwechsel aufgrund von Arbeitszeitmodell" ein. Alle, die mit ihrem aktuellen Arbeitszeitmodell sehr zufrieden sind, möchten den jetzigen Arbeitgeber nicht verlassen. Im Gegensatz dazu sehnen sich diejenigen, die unflexiblere Modelle wie beispielsweise starre Arbeitszeiten haben, nach mehr Flexibilität und können sich aufgrund dessen einen Wechsel des Unternehmens vorstellen. Lediglich bei drei der 40 Untersuchungspersonen sind andere Kriterien wichtiger, als die Möglichkeit einer eigenverantwortlichen Verteilung der Arbeitszeit.

Die letzte Kategorie betrachtet eine mögliche „Veränderung des Arbeitszeitmodells in Bezug auf die Lebensplanung". Dem meist jungen Alter geschuldet, halten die Befragten diverse Entwicklungen in fünf Jahren für möglich und geben unterschiedliche Lebenslagen an. Für die Personen, die aktuell am Ende einer Weiterbildung stehen, ist meist die Familienplanung oder der Fokus auf die eigene Karriere relevant. Andere haben noch keine weitreichende Lebensplanung, da sie noch nicht das Ende der Ausbildung erreicht haben. Diese vielseitigen Vorstellungen vom Leben zeigen, dass die Generation Y keine klare Linie im Lebenslauf benötigt, um glücklich zu sein. Bei der Frage, ob sich das aktuelle Arbeitszeitmodell in Hinblick auf zukünftige Lebensereignisse verändert, sind wie bei der Zufriedenheitsanalyse ähnliche Antworten gegeben worden. Zudem ist hier zu beobachten, dass sich Befragte mit einem flexiblen Arbeitszeitmodell ihre berufliche Zukunft unter diesem vorstellen können. Diejenigen, die eine feste Arbeitszeit haben, wünschen sich in der Zukunft meist mehr Flexibilität in Form von Gleitzeit. Besonders bei der Familiengründung sind zeitliche Freiheiten für die Generation Y wichtig.

4 Handlungsempfehlung

Aus den bisherigen Erkenntnissen werden in diesem Kapitel Handlungsempfehlungen zur Gestaltung flexibler Arbeitszeitmodelle abgeleitet. Diese sollen vor allem in Hinblick auf den Stellenwert und die Nutzung durch die Generation Y ausgearbeitet werden. Wie in den bisherigen Kapiteln schon gezeigt worden ist, sind Unternehmen aufgrund der Aktualität und Relevanz der Arbeitszeit-Thematik dazu gezwungen, ihre jetzige Ausrichtung, Strategien und Methoden zu überdenken. Auch die gestiegenen Kundenanforderungen erfordern seitens der Betriebe mehr zeitliche Flexibilität, um schneller auf Anfragen reagieren zu können. Bei vermehrtem Anfall von Arbeitsaufkommen können, sofern ein entsprechendes Arbeitszeitmodell implementiert ist, die Arbeitstage oder -wochen kostenneutral, flexibel und spontan angepasst werden. In ruhigeren Arbeitsphasen können die Mitarbeiter respektive die geleisteten Überstunden in arbeitsfreie Zeit umwandeln. Aus diesem Grund werden im Folgenden Vorschläge ausgearbeitet, wie Unternehmen ein passendes Arbeitszeitmodell entwickeln können. Hierbei wird auf den Stellenwert und die Nutzung flexibler Arbeitszeitmodelle vor allem mit Fokus auf die Generation Y eingegangen. Mit dieser Kohorte tritt eine neue Gruppe in den Arbeitsmarkt ein, die im Vergleich zu den vorgehenden Generationen neue und andere Werte, Bedürfnisse und Wünsche für die Gestaltung ihres Arbeitsalltags hat. Da die Mitglieder der Generation Y teilweise ins Berufsleben starten und als potentielle Arbeitnehmer noch gewonnen werden müssen, sind sie eine der Hauptzielgruppen der Unternehmen. Für Betriebe ist es deshalb wichtig, die Denkweise dieser Generation und ihre Forderungen zu verstehen. Hierbei spielt unter anderem die Verteilung der Arbeitszeit eine bedeutende Rolle und ist eines der wichtigsten Kriterien der Arbeitgeberattraktivität. Die Mitglieder der Generation Y legen besonders hohen Stellenwert auf eine Vereinbarkeit zwischen Privat- und Berufsleben und den Ausgleich von Arbeitszeit in Freizeit. Diese Altersgruppe lässt sich nicht ausschließlich durch finanzielle Anreize, Herausforderungen, Verantwortung oder attraktive Stellenprofile in Betriebe locken. Mithilfe dieses Wissens können und müssen Unternehmen die Bedeutung monetärer Belohnungssysteme überdenken und stattdessen Flexibilität und Abgeltung von Arbeit durch Freizeit berücksichtigen. Trotz der Vorteile muss hier erwähnt werden, dass es in gewissen Branchen und Unternehmensbereichen nicht möglich ist, Flexibilität anzubieten, da feste Präsenszeiten für den Geschäftsbetrieb unabdingbar sind.

Um den Handlungsspielraum von Unternehmen in Bezug auf die Ausgestaltung von Arbeitszeitmodellen zu verdeutlichen, werden zunächst die gesetzlichen Regelungen betrachtet und Anpassungsvorschläge ausgearbeitet. Es ist Aufgabe der Politik und des Gesetzgebers, die Anforderungen der Generation Y an die Arbeitswelt in Gesetze umzuwandeln und damit die bestehende Rechtsprechung anzupassen. Ein Beispiel hierfür wäre die Möglichkeit der Aufteilung von Ruhezeiten bei zeitlich flexiblen Arbeitszeitmodellen. So könnten Arbeitnehmer, die trotz einer längeren Pause am Nachmittag abends ihre Arbeit fortsetzen, am nächsten Morgen wieder zur Verfügung stehen. Besonders relevant ist dies für Eltern, da sie, nachdem sie ihre Kinder ins Bett gebracht haben, weitere berufliche Tätigkeiten erledigen können. Dennoch muss dabei besonders auf eine angemessene Erholungsphase geachtet werden, damit es zu keiner Überbelastung und damit verbundenen gesundheitlichen Einschränkungen der Arbeitnehmer kommt. Zusätzlich sollte der Arbeitgeber darauf achten, dass dieses Modell von Mitarbeitern nur freiwillig und nach gegenseitiger Absprache genutzt wird. Dieser Vorschlag soll nicht zu einer Verlängerung der generellen Arbeitszeit führen, sondern nur zur besseren und flexibleren Verteilung beitragen. Ein weiterer Handlungsvorschlag für die Politik ist die Einführung von staatlich unterstützter Familienarbeitszeit. Hierbei könnten Eltern eine finanzielle Unterstützung bei Teilzeitarbeit erhalten, sofern ihnen sonst eine Teilzeittätigkeit aufgrund des verminderten Teilzeitgehalts nicht möglich wäre. Diese Subvention kann zur Vereinbarkeit von Familie und Beruf einen wichtigen Beitrag leisten und eine große Entlastung für die betroffenen Arbeitnehmer darstellen.

Die Handlungsempfehlungen für Unternehmen fokussieren sich auf die Vertrauensarbeitszeit und Gleitzeit, da diese Modelle vor allem von der Generation Y präferiert und häufig genutzt werden. Neben den rechtlichen Aspekten müssen Betriebe bei der Konzeption von Arbeitszeitmodellen ebenso gestalterische Faktoren beachten. So ist die Vertrauensarbeitszeit nur dann sinnvoll, wenn sie mit der Vereinbarung einer Zielerreichung verbunden ist. Zusätzlich wird eine gute Eigenorganisation der Mitarbeiter vorausgesetzt. Der Arbeitgeber muss hier seinen Mitarbeitern vollstes Vertrauen entgegenbringen. Die Freiheiten erhöhen zwar die Motivation, können aber sehr schnell zu Missbrauch führen. Außerdem muss bei der Vertrauensarbeitszeit berücksichtigt werden, dass zusätzlich geleistete Arbeitsstunden aufgrund fehlender Aufzeichnungen meist nicht vollumfänglich in Ausgleichszeit umgewandelt werden. Somit arbeiten die Mitarbeiter oft mehr als vereinbart und es können sich die Risiken einer psychischen und physischen

Überlastung erhöhen. Bei dem Modell der Gleitzeit hingegen können die geleisteten Stunden genau dokumentiert und nachvollzogen werden. Da die tatsächliche Arbeitszeit mit den vertraglich vereinbarten Stunden verglichen werden kann, ist die Gleitzeit ein sehr faires Model und bietet trotz der Arbeitszeiterfassung ein großes Maß an Flexibilität. Darüber hinaus können für bestimmte Führungspositionen mit hohem Arbeitspensum zusätzliche Vereinbarungen getroffen werden, damit Überstunden ab einem bestimmten Jahresgehalt abgegolten sind. Dies betrifft allerdings die Generation Y derzeit nur am Rande, da derartige Gehaltsdimensionen, die einen Verzicht auf geleistete Arbeitsstunden rechtfertigen würden, in den ersten Jahren der Berufstätigkeit nur in Ausnahmefällen zu finden sind.

Die Gleitzeit bietet für viele Arbeitnehmergruppen Vorteile. Beispielsweise verlangen zeitaufwendige Verpflichtungen, vor allem die Pflege von Angehörigen oder Betreuung von Kindern, nach einem hohen Maß an Flexibilität, während und nach der Arbeitszeit. Manchen Arbeitnehmern mit langen Arbeitswegen ist es aufgrund von Staus oder Verspätungen nicht immer oder nur mit immensem Aufwand möglich, zu festen Uhrzeiten die Arbeit zu beginnen. Die Betroffenen sparen durch antizyklische, flexible Arbeitszeiten viel Zeit und Energie ein. Außerdem verlangen einige Millennials mehr zeitliche Flexibilität, um Präsenztermine bei einer Weiterbildung gut vorbereitet antreten zu können. Außerhalb dieser genannten Gruppen wird die Gleitzeit ebenso als positiv wahrgenommen. Sie erhöht Zufriedenheit, indem Arbeitszeiten an die Arbeitsaufgaben flexibel angepasst werden können. Dieses Arbeitszeitmodell bringt ebenfalls für Arbeitgeber eine Reihe von Vorteilen mit sich. Zum Beispiel sind der Einführungsaufwand und die Verwaltungskosten sehr gering. Das Angebot von Gleitzeit und die damit verbundene Arbeitszeitflexibilität wird zusätzlich als Instrument genutzt, um die Arbeitgeberattraktivität zu erhöhen und rare Fachkräfte anzuwerben. Des Weiteren steigt die Zufriedenheit der Arbeitnehmer durch eine verbesserte Vereinbarkeit zwischen Berufs- und Privatleben und die Mitarbeiter binden sich längerfristig an das Unternehmen. Schließlich bringt die Flexibilisierung der Arbeitszeiten mit sich, dass Mitarbeiter motivierter und leistungsfähiger sind. Aufgrund der genannten Vorteile ist die Gleitzeit das empfehlenswerteste Arbeitszeitmodell für die Generation Y, da sie sowohl Arbeitgeber- als auch Arbeitnehmerwünschen gerecht wird.

Um dem Teilzeitwunsch der Generation Y nachzugehen, ist es für Firmen von Vorteil, wenn sie neben ihrem Gleitzeitmodell in Vollzeit, eine attraktive, zeitreduzierte Variante anbieten. Arbeitgeber können zusätzlich zu dem gesetzlichen Anspruch auf Teilzeit, weitere Flexibilisierungsmöglichkeiten anbieten. Mithilfe eines ansprechenden Modells könnten mehr Mitarbeiter in Teilzeit arbeiten, ohne finanzielle sowie karrierebedingte Nachteile aufgrund ihres Teilzeitfaktors zu fürchten.

Im nachfolgenden werden Methoden zur Implementierung von Gleitzeit ausgeführt, um die Nutzung des Arbeitszeitmodells durch die Generation Y zu maximieren. Diese Schritte sollen vor allem Unternehmen, die derzeit andere Arbeitszeitmodelle anbieten, als Hilfestellung dienen. Anhand eines Leitfadens mit vier Phasen, die Analyse, Konzeptentwicklung und Planung sowie Test und Erfolgskontrolle umfassen, werden die Arbeitsschritte bis zur Einführung von Gleitzeit genau erläutert. Arbeitszeitmodelle wie die Gleitzeit werden meist für die gesamte Belegschaft entwickelt. Obwohl der Fokus in dieser Arbeit auf der Generation Y liegt, werden deshalb die Handlungsempfehlungen in Hinblick auf die einzelnen Kohorten nicht genauer ausdifferenziert.

In der ersten Phase wird eine Analyse des aktuellen Arbeitszeitmodells und der gewünschten Veränderungen durchgeführt. Hier ist es zu empfehlen, eine unabhängige Arbeitsgruppe mit klaren Verantwortlichkeiten zu gründen, die in regelmäßigem Austausch mit der Geschäftsleitung, dem Betriebsrat und den leitenden Angestellten steht. In gewissen Fällen ist es auch ratsam externe Berater hinzuzuziehen, die bereits Erfahrung bei der Neugestaltung von Arbeitszeitmodellen mitbringen. Es muss entschieden werden, ob es Kernarbeitszeiten geben soll, und gegebenenfalls deren Beginn und Ende festgelegt werden. Eine gewisse zeitliche Überschneidung der Präsenz aller Mitarbeiter sollte sichergestellt werden, um gemeinsame Termine in den Abteilungen abhalten zu können. Folglich muss die Frage nach Gleitzeitspannen beantwortet und ein Gleitzeitrahmen bestimmt werden. Hier sollten zusätzliche Vereinbarungen getroffen werden, um außerhalb der Kernarbeitszeiten eine Mindestanzahl von anwesenden Mitarbeitern in den einzelnen Teams sicherzustellen. Sollte noch kein Zeiterfassungssystem existieren, muss ein geeignetes System, gegebenenfalls in Absprache mit der IT-Abteilung oder mithilfe externer Anbieter, eingeführt werden. Außerdem müssen Höchstgrenzen für Plus- und Minusstunden, sowie Ausgleichsfristen von Zeitsaldoschwellen definiert werden. Im Zuge dessen muss über die Art des Ausgleichs, beispielsweise monetäre Entschädigung oder Freizeitumwandlung, beraten werden. Für die Generation Y ist ein flexibler, zeitlicher Ausgleich empfehlenswert, welcher dem Mitarbeiter Gleitzeittage, einen stundenweisen Abbau oder das Ansparen eines Sabbaticals ermöglicht. Das Ziel der Analysephase ist die Ermittlung des tatsächlichen Bedarfs und der Nutzung des Gleitzeitmodells. Hierzu können vereinzelt Meinungen mithilfe von Mitarbeitergesprächen oder schriftliche Mitarbeiterbefragungen bei einer großen Belegschaft eingeholt werden. In diesem Zuge ist eine explizite Untersuchung der Generation Y und deren Vorlieben möglich. Generell sollen durch die Umfrage die Wünsche der Arbeitnehmer in Bezug auf die Relevanz und den Bedarf an zeitlicher Flexibilität deutlich werden. Außerdem muss die Arbeitsgruppe die Stärken und Schwächen von Gleitzeit im betrieblichen Umfeld analysieren. Hier gilt es die Folgen der Implementierung des Arbeitszeitmodells zu beachten, da die Gesundheit der Arbeitnehmer zu jeder Zeit im Hinblick auf Überlastung beobachtet werden muss. Zuletzt sollten Führungskräfte aus den einzelnen Abteilungen eingebunden und deren Feedback integriert werden.

Der nächste Schritt ist die Konzeptentwicklung. Die konkrete Planung muss in enger Abstimmung mit Geschäftsleitung und Betriebsrat ablaufen. Alle Kriterien des Anforderungskatalogs müssen im Arbeitszeitmodell vollständig erfasst sein, jedoch können einige Details im Hinblick auf die Arbeitgeberattraktivität noch diskutiert und gegebenenfalls angepasst werden. Solche zusätzlichen Elemente inkludieren zum Beispiel die Einführung einer Notfall-Kinderbetreuung, Freizeitaktivitäten oder Fitnessstudiokooperationen. So kann insbesondere auf die Wünsche der Generation Y eingegangen werden und eine ausgewogene Work-Life-Balance gewährleistet werden. In dieser Phase werden außerdem die genauen Ruhezeiten und entsprechenden Sperrzeiten finalisiert. Dies ist essenziell, um die Gefahren der Verschmelzung von Arbeits- und Freizeit und eine daraus folgende Überlastung der Arbeitnehmer zu umgehen. Hier müssen Vorgesetzte auf ihre Pflichten bezüglich der Arbeitszeitüberwachung ihrer Mitarbeiter aufmerksam gemacht werden. Danach gilt es zu überprüfen, ob die rechtlichen Rahmenparameter eingehalten und sonstige Verpflichtungen oder Regelungen berücksichtigt werden. Das erarbeitete Konzept muss dann dem Betriebsrat, falls vorhanden, aufgrund seiner Mitbestimmungsrechte vorgelegt werden. Sollte der Betriebsrat den Vorschlag annehmen, können die beabsichtigten Neuerungen in Bezug auf das Arbeitszeitmodell an die Mitarbeiter kommuniziert werden. Hier bietet sich eine Mitarbeiterversammlung an, bei welcher das Gleitzeitmodell vollumfänglich präsentiert und vorgestellt wird. Transparenz ist elementar, um nicht nur für die Mitarbeiter der Generation Y Vorteile hervorzuheben, sondern auch bei der restlichen Belegschaft eine Akzeptanz für die Veränderungen zu schaffen. Des Weiteren ist es vor Einführung eines neuen Arbeitszeitmodells notwendig, die Beteiligten bestmöglich über ihre veränderten Rechte und Pflichten zu informieren und aufzuklären.

Nachdem das Konzept finalisiert und die Mitarbeiter informiert worden sind, kann eine Auswahl an Mitarbeitern als Testgruppe bestimmt werden. In dieser Phase wählt die Arbeitsgruppe Mitarbeiter aus verschiedenen Abteilungen aus, die in einer befristeten Zeitspanne das neue Modell der Gleitzeit testen. Die Testpersonen müssen speziell geschult werden, um möglichst viele Erkenntnisse und Verbesserungsvorschläge zu generieren. Die Mitarbeiter können das Arbeitszeitmodell so aktiv mitgestalten und flexibel in dessen Weiterentwicklung einbezogen werden. Außerdem sollte vor der Testphase eine Befragung stattfinden, um die Daten, Vorteile und Nachteile der verschiedenen Modelle miteinander vergleichen zu können. Hier können bei Bedarf die jeweiligen Führungskräfte mit einbezogen werden, um möglichst viele Sichtweisen zu erfassen.

Als letzter Schritt sollte nach der Testung des Arbeitszeitmodells eine Erfolgskontrolle stattfinden. Antworten, Anmerkungen und Verbesserungswünsche aus dem letzten Feedbackgespräch mit den Testpersonen werden erneut ausgewertet und mit der Befragung vor Beginn der Testphase verglichen. Darauffolgend werden mögliche Anpassungen des Modells innerhalb der Arbeitsgruppe und der Geschäftsleitung diskutiert. Vor Einführung eines neuen Arbeitszeitmodells muss eine Betriebsvereinbarung zwischen der Geschäftsleitung und dem Betriebsrat geschlossen werden, um alle Details sowie Rechte und Pflichten zu regeln. In Unternehmen ohne Betriebsrat können verbindliche Anweisungen an die Mitarbeiter verabschiedet und kommuniziert werden oder Bedingungen im Arbeitsvertrag abgeändert werden. Abschließend kann das neue Arbeitszeitsystem für alle Mitarbeiter freigeschaltet und ihnen zugänglich gemacht werden. Auf mögliche Änderungen des zuvor in der Mitarbeiterversammlung kommunizierten Konzepts ist die Belegschaft nochmals hinzuweisen. Für Fragen bezüglich der veränderten Alltagspraxis sollten Ansprechpartner, idealerweise aus der Personalabteilung, zur Verfügung stehen. Diskussionen, persönliche Äußerungen und Fragen sollten auch nach der Implementierung des neuen Arbeitszeitmodell erfolgen, um es kontinuierlich anpassen und weiterentwickeln zu können.

Nicht nur die Arbeitsmodelle an sich, sondern auch die Methoden bei der Rekrutierung junger Fachkräfte müssen überdacht und überarbeitet werden. Flexible, arbeitszeitliche Rahmenbedingungen, welche die Arbeitgeberattraktivität des jeweiligen Unternehmens erhöhen, sollten herausgestellt und in Stellenanzeigen explizit beworben werden. So können Ypsiloner bereits bei der Stellenausschreibung der Position Arbeitgeberpräferenzen bezüglich der Angebote zum Thema Work-Life-Balance entwickeln. Die Art der Veröffentlichung der Stellenanzeige kann ebenso ein starkes Signal für die medienaffine Generation Y sein und sollte deshalb über eine elektronische Plattform erfolgen. Stellenausschreibungen, die sich an jüngere Mitarbeiter wenden, werden beispielsweise auf LinkedIn, Facebook oder Xing besser und positiver wahrgenommen. Da Firmen aufgrund des demographischen Wandels und Fachkräftemangels auf diese Zielgruppe als Arbeitnehmer angewiesen sind, macht es daher bei Stellenausschreibungen Sinn, verstärkt die von der Generation Y genutzten Kommunikationswege zu nutzen. Auch die Politik oder die Gesellschaft kann Akzente und Anreize setzen. Renommierte Zeitschriften könnten beispielsweise durch die Vergabe von Auszeichnungen, wie der „Flexibelste Arbeitgeber 2020", auf ausgewählte Unternehmen aufmerksam machen. Eine derartige Ehrung wäre besonders für junge Berufseinsteiger der Generation Y ansprechend und könnte so besonders flexible Unternehmen herausheben.

Zusammenfassend lässt sich festhalten, dass neben der Gleitzeit auch andere Arbeitszeitmodelle viele Vorteile mit sich bringen. Dennoch ist aufgrund des Stellenwertes und der Beliebtheit der Gleitzeit dieses Modell die optimale Empfehlung für die Gestaltung der Arbeitszeitbedürfnisse der Generation Y. Es ist sowohl für Arbeitgeber als auch Arbeitnehmer ein Modell, welches viele Vorteile mit sich bringt. Mitarbeiter, die aktuell in diesem Arbeitszeitmodell tätig sind, sind laut der Untersuchung zu dieser Arbeit sehr zufrieden mit der angebotenen Flexibilität und Freiheit bei ihrer persönlichen Arbeitszeiteinteilung. Dennoch sind die Aussagen der Interviewpartner nicht belastbar und es bedarf weiterer Forschung zu diesem Themengebiet, um die Erkenntnisse zu quantifizieren und zu belegen.

5 Schluss

In diesem letzten Kapitel wird nach einer kurzen Zusammenfassung der Arbeit ein Fazit gezogen. Hier wird überprüft, ob die Forschungsfrage ausreichend analysiert und schließlich beantwortet worden ist. Außerdem wird ein Ausblick auf zukünftige Entwicklungen gegeben, sowie der weitere Forschungsbedarf erörtert.

5.1 Zusammenfassung

Das Thema dieser Arbeit lautet: „Nutzung flexibler Arbeitszeitmodelle durch die Generation Y".

Im ersten Kapitel ist in die Thematik eingeführt worden, um sich einen möglichst genauen Überblick zu verschaffen und die Relevanz dieser Arbeit herauszustellen. Aufgrund des derzeitigen Fachkräftemangels und demographischen Wandels ist die Erforschung und Weiterentwicklung von Arbeitszeitmodellen notwendig. Vor allem die Mitglieder der Generation Y sind hier eine wichtige Zielgruppe für Unternehmen, da sie gerade erst ins Berufsleben gestartet sind und im Laufe der nächsten Jahre die Basis der Berufstätigen bilden werden.

Daraufhin sind die theoretischen Bestandteile unter Kapitel zwei ausführlich erläutert worden, um die grundlegenden Begrifflichkeiten dieser Arbeit zu definieren und festzulegen. Hierbei sind Definitionen zu Arbeitszeit, rechtlichen Aspekten, verschiedenen Arbeitszeitmodellen und berufstätigen Generationen gegeben worden. Außerdem ist der aktuelle Forschungsstand vorgestellt und die Ausarbeitung des theoretischen Teils kritisch hinterfragt worden. Es hat sich herausgestellt, dass bisher zwar der Stellenwert flexibler Arbeitszeitmodelle für die Generation Y, jedoch nicht die tatsächliche Nutzung erforscht worden ist.

Das dritte Kapitel beschäftigt sich mit der Empirie der im Vorfeld erhobenen Studie und stellt das Forschungsdesigns sowie das Vorgehen bei der Untersuchung vor. Die gewonnenen Ergebnisse der Interviews sind mit Hilfe von erarbeiteten Kategorien ausgewertet, zusammengefasst und ausführlich interpretiert worden. Die Daten lassen darauf schließen, dass flexible Arbeitszeitmodelle bei der Generation Y sehr beliebt sind und auch gerne genutzt werden.

Abschließend ist in Kapitel vier eine Handlungsempfehlung für Unternehmen gegeben worden. Da vor allem die Gleitzeit viele Vorteile für die Generation Y bietet, ist ein Konzept zur Etablierung dieses Arbeitszeitmodells ausgearbeitet worden. Zu Beginn sollten das aktuelle Arbeitszeitmodell analysiert und Schwächen herausgearbeitet werden. Sobald dies abgeschlossen ist, kann die Umsetzung und

Einführung der Gleitzeit im Unternehmen detailliert geplant werden. Anschließend soll eine Testphase eingeleitet und Anpassungen vorgenommen werden, bevor das neue, flexiblere Arbeitszeitsystem allen Mitarbeitern zugänglich gemacht wird.

5.2 Fazit

In dieser Bachelorthesis ist folgender Forschungsfrage nachgegangen worden: „Inwieweit werden flexible Arbeitszeitmodelle genutzt und welchen Stellenwert haben diese aus Sicht der Generation Y?" Wie schon von anderen Studien bestätigt worden ist, sind flexible Arbeitszeitmodelle der Generation Y sehr wichtig. In dieser Studie haben Mitglieder der Kohorte zusätzlich angegeben, dass das Angebot an zeitlicher Flexibilität die Arbeitgeberwahl beeinflusst oder sogar zu Arbeitgeberwechseln führen kann. Des Weiteren kann diese Arbeit die Forschungslücke in Bezug auf die tatsächliche Nutzung flexibler Arbeitszeitmodelle durch die Generation Y schließen. Gleitzeit und Vertrauensarbeitszeit werden bevorzugt verwendet oder zumindest angestrebt. Dies ist auf den Wunsch nach beruflicher Flexibilität und selbstbestimmter Zeiteinteilung zurückzuführen. Neben dem Beruf möchten Ypsiloner gerne private Verpflichtungen, zum Beispiel in Form von Familienbetreuung oder Weiterbildung, wahrnehmen und ihre Freizeit genießen.

Deshalb müssen Unternehmen ihre Arbeitszeitmodelle anpassen, um in Zukunft attraktiv für Arbeitnehmer zu werden oder zu bleiben. Hierbei ist es eine der wichtigsten Aufgaben für Unternehmen, einen Mittelweg zwischen Flexibilität und ständiger Erreichbarkeit auf der einen Seite und Achtung der Freizeit oder Privatsphäre der Arbeitnehmer auf der anderen Seite zu finden. Die Handlungsempfehlung im vierten Kapitel stellt einen möglichen Lösungsweg dar, wie die Gleitzeit als neues Modell im Unternehmen implementiert und ausgearbeitet werden kann. Hier ist die Gleitzeit gewählt worden, da sie im Gegensatz zur Vertrauensarbeitszeit eine gerechtere Zeiterfassung und einen geregelten Zeitausgleich ermöglicht. Diese Bachelorarbeit soll den Unternehmen keine festen Vorschriften, sondern eher Impulse und Ideen geben, um eine Veränderung des Arbeitszeitmodells grundsätzlich zu initiieren. Die Entwicklung eines passenden, flexiblen Modells kann zwar schnell umgesetzt werden, die Implikationen und Veränderungen sind allerdings als ein langfristiges, aufwändigeres Projekt zu sehen. Sollte die Notwendigkeit einer arbeitszeitlichen Veränderung aufgrund zukünftiger Entwicklungen entstehen, können die vier entwickelten Phasen jedes Mal aufs Neue angewandt werden.

Abschließend ist allerdings anzumerken, dass die Nutzung von flexiblen Arbeitszeitmodellen von den jeweiligen Aufgabengebieten, der Branche, der Kundenstruktur und der Öffnungszeiten abhängig ist.

5.3 Ausblick

Die Art und Weise zu arbeiten, verändert sich stetig und physische Belastungen in Form von Leistungs- und Termindruck werden auch in Zukunft für die Arbeitnehmer weiter zunehmen. Zusätzlich ermöglichen die neuen Medien und die ständige Erreichbarkeit eine neue flexiblere Arbeitsform. Um die Herausforderungen der Digitalisierung lösen zu können, müssen Gesetzgeber, Gewerkschaften, Arbeitgeber und Arbeitnehmer zusammenarbeiten. So wird beispielsweise das in der Einleitung beschriebene Urteil des Europäischen Gerichtshofs einige Veränderungen in Hinblick auf die Arbeitszeiterfassung mit sich bringen. Unternehmen werden dazu verpflichtet ein Erfassungssystem zu führen und es wird deshalb in Zukunft nicht mehr möglich sein die Arbeitszeit in Vertrauen abzuleisten.[196] Dies impliziert, dass alle Betroffenen ihre Verträge mit den Arbeitgebern anpassen müssen. Ein weiteres Beispiel für die Notwendigkeit einer Zusammenarbeit der verschiedenen Parteien sind die Gesetzesänderungen während der Corona-Krise. Systemrelevanten Beschäftigten ist es erlaubt worden in Krisenzeiten die festgelegte tägliche Arbeitszeit auf bis zu zwölf Stunden zu überschreiten und somit flexibler auf den Arbeitsbedarf eingehen zu können.[197]

Zudem sollte die Wissenschaft in die Diskussionen miteinbezogen werden, da sie Lösungsansätze entwickeln und fundierte Aussagen treffen kann. So bedarf diese Arbeit und die Suche nach dem angemessensten Arbeitszeitmodell für die Generation Y ebenso weiterer Forschung. Die hier qualitativ erhobenen Daten sollten mithilfe weiterer quantitativer Datenerhebungen ergänzt werden. Nur durch eine große Anzahl an befragten Personen lassen sich die Kategorien mit statistischen Werten untermauern und validieren.[198] Außerdem sollte die Frage nach dem Stellenwert und der Nutzung flexibler Arbeitszeitmodelle mit Fokus auf die Generation Y ausgeweitet werden. Einige Untersuchungen besagen zum Beispiel, dass immer mehr Beschäftigte zusätzlich in Teilzeit arbeiten möchten. Die reduzierte Arbeitszeit soll die Produktivität der Arbeitnehmer erhöhen und zusätzlich zu einer

---

[196] Vgl. *Specht, F.*, Systematisch erfassen, 2019, o. S.
[197] Vgl. *Specht, F.*, Zwölf-Stunden Arbeitstag, 2020, o. S.
[198] Vgl. *Röbken, H., Wetzel, K.*, Qualitative und quantitative Forschungsmethoden. 2016, S. 13.

ausgeglichenen Work-Life-Balance führen.[199] So scheint nicht nur eine flexible Verteilung, sondern auch die Reduzierung der Arbeitsstunden immer beliebter und verbreiteter zu werden. Neben der Flexibilität der Arbeitszeit könnte zudem die Flexibilität des Arbeitsortes untersucht werden. Es stellt sich die Frage, ob Telearbeit für die Generation Y in Zukunft eine Alternative oder eher eine Ergänzung zu flexiblen Arbeitszeiten ist. Schließlich sollte sich die Forschung auf die gesundheitlichen Konsequenzen verschiedener Arbeitszeitmodelle und deren Unterschiede fokussieren. Obwohl die Gleitzeit nach jetzigem Forschungsstand ein passendes Arbeitszeitmodell für die Generation Y darstellt und auch gerne genutzt wird, sind die Langzeitauswirkungen noch nicht erforscht und werden sich erst in den folgenden Jahren oder Jahrzehnten herausstellen.

---

[199] Vgl. *Kellner, B. u. a.*, Flexible Working Studie, 2019, S. 11 f.

Literaturverzeichnis

Absenger, Nadine, Ahlers, Elke, Bispinck, Reinhard, Kleinknecht, Alfred, Klenner, Christina, Lott, Yvonne, Pusch, Toralf, Seifert, Hartmut (Arbeitszeiten in Deutschland, 2014): Arbeitszeiten in Deutschland, in: Wirtschafts- und Sozialwissenschaftliches Institut (WSI) in der Hans-Böckler-Stiftung (Hrsg.), WSI Report, 2014

Albert, Mathias, Hurrelmann, Klaus, Quenzel, Gudrun, Schneekloth, Ulrich, Leven, Ingo, Utzmann, Hilde (Jugendstudie, 2015): 17. Shell Jugendstudie, Hamburg: Deutsche Shell Holding GmbH, 2015

Atteslander, Peter (Methoden der Sozialforsching, 1974): Methoden der empirischen Sozialforschung, 3. Aufl., Evanston: Walter de Gruyter, 1974

Badura, Bernhard, Ducki, Antje, Schröder, Helmut, Klose, Joachim, Meyer, Markus (Hrsg.) (Fehlzeitenreport, 2014): Fehlzeiten Report 2014, Zahlen, Daten, Analysen aus allen Branchen der Wirtschaft: Erfolgreiche Unternehmen von morgen – gesunde Zukunft heute gestalten, Berlin, Heidelberg: Springer-Verlag, 2014

Baur, Nina, Blasius, Jörg (Hrsg.) (Handbuch Sozialforschung, 2014): Handbuch Methoden der empirischen Sozialforschung, Wiesbaden: Springer VS, 2014

Berger-Grabner, Doris (Wissenschaftliches Arbeiten, 2016): Wissenschaftliches Arbeiten in den Wirtschafts- und Sozialwissenschaften, Hilfreiche Tipps und praktische Beispiele, 3. Aufl., Wiesbaden: Springer Gabler, 2016

Bornewasser, Manfred, Zülch, Gert (Arbeitszeit-Zeitarbeit, 2013): Arbeitszeit, Zeitarbeit, Flexibilisierung der Arbeit als Antwort auf die Globalisierung, Wiesbaden: Springer Gabler, 2013

Bund, Kerstin (Glück schlägt Geld, 2014): Glück schlägt Geld, Generation Y - Was wir wirklich wollen, Hamburg: Murmann Publishers GmbH, 2014

Bundesministerin für Familie (Gemeinsame neue Vereinbarkeit, 2017): Gemeinsam gelingt die NEUE Vereinbarkeit, Frankfurt: Druck- und Verlagshaus Zarbock GmbH & Co. KG, 2017

Bundesministerium für Arbeit und Soziales (Digitalisierung, 2016): Digitalisierung am Arbeitsplatz - Aktuelle Ergebnisse einer Betriebs- und Beschäftigtenbefragung, o. O., 2016

Bundesministerium für Familie (Familienbewusste Arbeitszeiten, 2016): Familienbewusste Arbeitszeiten, 5. Aufl., Niestetal: Silber Druck oHG, 2016

Calmbach, Marc (Junge Generation im Beruf, 2019): Wie tickt die junge Generation in puncto Beruf, Heidelberg: Sinus Institut, 2019

Coffman, Julie, Hagey, Russ (Flexible Work Models, 2010) Flexible work models: How to bring sustainability to a 24/7 world, Massachusetts: Bain & Company, 2010

Deller, Christian (Evaluation, 2004): Evaluation flexibler Arbeitszeitmodelle am Beispiel einer Unternehmensberatung, München, Mering: Rainer Hampp Verlag, 2004

Deloitte (Umfrage Millennials, 2017): The 2017 Deloitte Millennial Survey- Apprehensive millennials: seeking stability and opportunities in an uncertain world, o. O., 2017

EU-Parlament (Grünbuch EU-Richtlinien, 2017): Mitteilung zu Auslegungsfragen in Bezug auf die Richtlinie 2003/88/EG des Europäischen Parlaments und des Rates über bestimmte Aspekte der Arbeitszeitgestaltung, o. O., 2017

Flüter-Hoffmann, Christiane, Hammermann, Andrea, Stettes, Oliver (Arbeitszeitmodell Leitfaden, 2019): Erfolg mit flexiblen Arbeitszeitmodellen: Leitfaden für Personalverantwortliche und Geschäftsleitung, Berlin: Bundesanstalt für Arbeitsschutz und Arbeitsmedizin, 2019

Frindte, Tobias, Thalmann, Andrea (Umsetzung Arbeitszeitmodelle, 2019): Flexible Arbeitzeitmodelle - Überblick und Umsetzung, 2. Aufl., Bönen: Druck & Verlag Kettler GmbH, 2019

Gibson, Lucy (Using Email Interviews, 2010): Using Email Interviews, in: Realities Toolkit, (2010), Nr. 09, S. 1-7

Gschwendtner-Mathe, Barbara (Digitaler Wandel, 2015): Wohlbefinden & Motivation der Arbeitnehmer: Der digitale Wandel, München: Edenred Deutschland GmbH, 2015

Gutmann, Joachim, Hüsgen, Jens (Feste Arbeitszeit, 2005): Flexible Arbeitszeit, München: Haufe-Lexware, 2005

Helfferich, Cornelia (Leifadeninterview, 2014): Leitfaden- und Experteninterviews, in: Baur, Nina, Blasius, Jörg (Hrsg.), Handbuch Methoden der empirischen Sozialforschung, 2014, S. 559-580

Hellert, Ulrike (Arbeitszeitmodelle, 2018): Arbeitszeitmodelle der Zukunft - Arbeitszeit flexibel gestalten, 2. Aufl., Freiburg, München, Stuttgart: Haufe Group, 2018

Hesse, Gero, Mattmüller, Roland (Hrsg.) (Perspektivwechsel, 2015): Perspektivwechsel im Employer Branding: Neue Ansätze für die Generation Y und Z, Wiesbaden: Springer Gabler, 2015

Hesse, Gero, Mayer, Katja, Rose, Nico, Fellinger, Christoph (Herausforderungen GenY, 2015): Herausforderungen für das Employer Branding und deren Kompetenzen, in: Hesse, Gero, Mattmülller, Roland (Hrsg.), Perspektivwechsel im Employer Branding Neue Ansätze für die Generation Y und Z, 2015, S. 53-102

Hipp, Lena, Stuth, Stefan (Management und Teilzeitarbeit, 2013): Management und Teilzeitarbeit – Wunsch und Wirklichkeit, in: WZBrief Arbeit, (2013), Nr. 15, S. 1-6

Hoff, Andreas (Gestaltung Arbeitszeitsysteme, 2015): Gestaltung Betrieblicher Arbeitszeitsysteme - Ein Überblick für die Praxis, Wiesbaden: Springer Gabler, 2015

Huber, Thomas, Rauch, Christian (Manager von morgen, 2013): Generation Y - Das Selbstverständnis der Manager von morgen, München: Signium International, 2013

Hucke, Maxi, Füssel, Benedikt, Goll, Alfred, Dietl, Stefan (Berufseinsteiger der Generation Y, 2013): Generation Y - wie man die Berufseinsteiger von morgen erreicht, in: Stock-Homburg, Ruth (Hrsg.), Handbuch Strategisches Personalmanagement, 2013, S. 125-148

Hussy, Walter, Schreier, Margrit, Echterhoff, Gerald (Forschungsmethoden, 2010): Forschungsmethoden in Psychologie und Sozialwissenschaften, Berlin, Heidelberg: Springer Verlag, 2010

Kellner, Barbara, Korunka, Christina, Kubicek, Bettina, Wolfsberger, Juliana (Flexible Working Studie, 2019): Flexible Working Studie 2019 Vertrauensarbeitszeit, Home Office, Desksharing, Wien: Deloitte Consulting GmbH, 2019

Kienbaum Communications (MultiGEN, 2014): MultiGEN – 2020 Abstract, München: Kienbaum Communications, 2014

Kienbaum Institut (Karriereorientierung Generation Y, 2018): Arbeitest Du noch oder lebst Du schon? Die Karriereorientierung der Generation Y, Dortmund: Kienbaum Institut @ ISM für Leadership & Transformation GmbH, 2018

Klaffke, Martin (Hrsg.) (Personalmanagement von Millennials, 2011): Personalmanagement von Millennials: Konzepte, Instrumente und Best-Practice-Ansätze, Wiesbaden: Gabler, 2011

- (Arbeitnehmer-Generationen, 2014): Millennials und Generation Z – Charakteristika der nachrückenden Arbeitnehmer-Generationen, in: Klaffke, Martin (Hrsg.), Generationen-Management, 2014, S. 58-80

- (Erfolgsfaktor Generationen, 2014): Erfolgsfaktor Generationen-Management – Handlungsansätze für das Personalmanagement, in: Klaffke, Martin (Hrsg.), Generationen-Management, 2014, S. 3-25

- (Hrsg.) (Generationenmanagement, 2014): Generationen-Management, Wiesbaden: Springer Gabler, 2014

Klös, Hans-Peter, Rump, Jutta, Zibrowius, Michael (Die neue Generation, 2016): Die neue Generation: Werte, Arbeitseinstellungen und unternehmerische Anforderungen, München: ROMAN HERZOG INSTITUT e.V., 2016.

Kramer, Ralph, Peter, Frank K. (Arbeitsrecht, 2014): Arbeitsrecht: Grundkurs für Wirtschaftswissenschaftler, 3. Aufl., Wiesbaden: Springer Gabler, 2014

Kuckartz, Udo (Methoden für Inhaltsanalyse, 2016): Qualitative Inhaltsanalyse, Methoden, Praxis, Computerunterstützung, 3. Aufl., Weinheim: Beltz Juventa, 2016

Künzel, Hansjörg (Hrsg.) (Erfolgsfaktor Mitarbeiter, 2013): Erfolgsfaktor Employer Branding, Mitarbeiter binden und die Gen Y gewinnen, Berlin, Heidelberg: Springer Gabler, 2013

Lamnek, Siegfried, Krell, Claudia (Qualitative Sozialforschung, 2016): Qualitative Sozialforschung, 6. Aufl., Weinheim, Basel: Beltz Verlag, 2016

Lange, Kirsten, Bässler, Christel (Idee der flexiblen Arbeitszeit, 2000): Flexible Arbeitszeit – von der Idee zur Wirklichkeit, Düsseldorf: Hans-Böckler-Stiftung, 2000

Lukas, Julia (Personalpolitik, 2012): Personalpolitische Handlungsalternativen mit älteren Arbeitnehmern in Unternehmen vor dem Hintergrund der demographischen Entwicklung in Deutschland, Wiesbaden: Springer, Gabler, 2012

Mangelsdorf, Martina (30 Minuten, 2014): 30 Minuten Generation Y, Offenbach: GABAL Verlag, 2014

Marques-Alvito, Carla (Hrsg.) (Personalbindung Generation Y, o. J.): Die Flexibilisierung der Arbeitszeiten als Instrument zur Personalbindung der Generation Y, o. O., o. J.

Mattmüller, Roland, Grote, Jasper H., Reif, Marcus K., Buckmann, Jörg, Hesse, Gero, Mahlodji, Ali, Diercks, Joachim, Kupka, Kristof, Flohr, Benita, Bender, Jens (Personalmarketing, 2015): Fallstudien zu aktuellen Herausforderungen im Employer Branding und Personalmarketing, in: Hesse, Gero, Mattmülller, Roland (Hrsg.), Perspektivwechsel im Employer Branding Neue Ansätze für die Generation Y und Z, 2015, S. 105-199

Mayring, Philipp (Qualitative Inhaltsanalyse, 2015): Qualitative Inhaltsanalyse: Grundlagen und Techniken, 12. Aufl., Weinheim, Basel: Beltz Verlag, 2015

Misoch, Sabina (E-Mail Interview, 2019): Qualitative Interviews, 2. Aufl., Berlin: De Gruyter Oldenbourg, 2019

Moskaliuk, Johannes (Generation Y als Herausforderung, 2016): Generation Y als Herausforderung für Führungskräfte: Psychologisches Praxiswissen für wertorientierte Führung, Wiesbaden: Springer, 2016

Müller-Wieland, Roda, Hochfeld, Katharina (Zeit gestalten, 2017): (Arbeits)ZEIT zu gestalten! – Potenziale flexibler und selbstbestimmter Arbeitszeitmodelle in KMU, Berlin: Friedrich Ebert Stiftung, 2017

Neubert, Roald, Thomas, Michael (Vertrauensarbeitszeit, 2005): Das Arbeitszeitmodell Vertrauensarbeitszeit in der Praxis, in: zfo wissen, 74 (2005), Nr. 4, S. 211-2016

Nicolai, Christiana (Personalmanagement, 2009): Personalmanagement, 2. Aufl., Stuttgart: Lucius & Lucius, 2009

Oertel, Jutta (Baby Boomer und Gen X, 2014): Baby Boomer und Generation X – Charakteristika der etablierten Arbeitnehmer-Generationen, in: Klaffke, Martin (Hrsg.), Generationen-Management, 2014, S. 27-56

Oliver, Simon (Studentenstudie, 2018): EY Studentenstudie 2018, Berlin: Ernst & Young GmbH Wirtschaftsprüfungsgesellschaft, 2018

Orizon (Perspektive der Arbeitnehmer, 2014): Studie Arbeitsmarkt 2014: Perspektive der Arbeitnehmer – Zentrale Ergebnisse, o. O., 2014

Papmehl, André, Tümmers, Hans J. (Hrsg.) (Arbeitswelt, 2013): Die Arbeitswelt im 21. Jahrhundert - Herausforderungen, Perspektiven, Lösungsansätze, Wiesbaden: Springer, 2013

Parment, Andreas (Zukünftige Mitarbeiter, 2009): Die Generation Y – Mitarbeiter der Zukunft, Wiesbaden: Gabler, 2009

- (Erwartungen an Generationen, 2014): Erwartungen zukünftiger Generationen, in: Badura, Bernhard, Ducki, Antje, Schröder, Helmut, Klose, Joachim, Meyer, Markus (Hrsg.), Fehlzeiten Report 2014, Zahlen, Daten, Analysen aus allen Branchen der Wirtschaft: Erfolgreiche Unternehmen von morgen – gesunde Zukunft heute gestalten, 2014, S. 61-73

Parment, Andreas, Klaffke, Martin (Personalmanagement Millennials, 2011): Herausforderungen und Handlungsansätze für das Personalmanagement von Millennials, in: Klaffke, Martin (Hrsg.), Personalmanagement von Millennials: Konzepte, Instrumente und Best-Practice-Ansätze, 2011, S. 5-20

Pfeil, Silko (Werteorientierung der Generationen, 2017): Werteorientierung und Arbeitgeberwahl im Wandel der Generationen, Wiesbaden: Springer Gabler, 2017

Piele, Christian, Piele, Alexander (Flexibilitätsanforderungen, 2018): Flexible Arbeitszeitmodelle – Arbeitszeitmodelle und Flexibilitätsanforderungen, Stuttgart: Fraunhofer IAO, 2018

Radermacher, Stephan (Employer Branding, 2013): Die Herausforderungen des Employer Brandings, in: Künzel, Hansjörg (Hrsg.), Erfolgsfaktor Employer Branding, Mitarbeiter binden und die Gen Y gewinnen, 2013, S. 1-16

Reichertz, Jo (Soziologische Theorie, 2014): Empirische Sozialforschung und soziologische Theorie, in: Baur, Nina, Blasius, Jörg (Hrsg.), Handbuch Methoden der empirischen Sozialforschung, 2014, S. 65-80

Roch, Svenja (Mixed-Methods-Ansatz, 2017): Der Mixed-Methods-Ansatz, in: Winkel, Jens, Fichten, Wolfgang, Großmann, Kirsten (Hrsg): Forschendes Lernen an der Europa-Universität Flensburg – Erhebungsmethoden, 2017, S. 95-110

Röbken, Heinke, Wetzel, Kathrin (Qualitative und quantitative Sozialforschung, 2016): Qualitative und quantitative Sozialforschung, 2. Aufl., Oldenburg: Universität Oldenburg, 2016

Rowold, Jens (HRM, 2015): Human Resource Management: Lehrbuch für Bachelor und Master, 2. Aufl., Berlin, Heidelberg: Springer Gabler, 2015

Ruthus, Julia (Arbeitgeberattraktivität von Generation Y, 2014): Arbeitgeberattraktivität aus Sicht der Generation Y: Handlungsempfehlungen für das Human Resources Management, Wiesbaden: Springer Gabler, 2014

Schiek, Daniela (Schriftliche Interviews, 2014): Das schriftliche Interview in der qualitativen Sozialforschung, in: Zeitschrift für Soziologie, 43 (2014), Nr. 10, S. 379-395

Schneider, Michael (Arbeitszeitliche Geschichte, 1984): Der Kampf um die Arbeitszeitverkürzung von der Industrialisierung bis zur Gegenwart, in: Gewerkschaftliche Monatshefte, 35 (1984), Nr. 2, S. 77-89

Scholz, Christian (Neue Arbeitswelt, 2013): Vorwort zu einem Blick in die schöne neue Arbeitswelt, in: Papmehl, André, Tümmers, Hans J. (Hrsg.), Die Arbeitswelt im 21. Jahrhundert - Herausforderungen, Perspektiven, Lösungsansätze, 2013, IX-XI

Schulenberg, Nils (Neue Generation, 2016): Führung einer neuen Generation: Wie die Generation Y führen und geführt werden sollte, Wiesbaden: Springer Gabler

Sofie, Geisel (Arbeitszeiten flexibel gestalten, 2014): Arbeitszeiten flexibel gestalten - Herausforderungen und Leitsätze für eine moderne Arbeitszeitkultur, in: Klaffke, Martin (Hrsg.), Generationen-Management, 2014, S. 175-203

Stock-Homburg, Ruth (Hrsg.) (Personalhandbuch, 2013): Handbuch Strategisches Personalmanagement, 2. Aufl., Wiesbaden: Springer Gabler, 2013

Winkel, Jens, Fichten, Wolfgang, Großmann, Kirsten (Hrsg.) (Methodenmix, 2017): Forschendes Lernen an der Europa-Universität Flensburg – Erhebungsmethoden, Flensburg: Europa-Universität Flensburg Zfl, 2017

Wittmann, Georg, Stahl, Ernst, Weinfurtner, Stefan, Torunsky, Robert (Digitale Gesellschaft, 2014): Digitalisierung der Gesellschaft 2014: Aktuelle Einschätzungen und Trends, Regensburg: ibi research an der Universität Regensburg GmbH, 2014

Wöhrmann, Anne Marit, Gerstenberg, Susanne, Hünefeld, Lena, Pudt Franziska, Reeske-Behrens, Anna, Brenscheidt, Frank, Beermann, Beate (Arbeitszeitreport baua, 2016): Arbeitszeitreport Deutschland 2016, Dortmund: Bundesanstalt für Arbeitsschutz und Arbeitsmedizin, 2016

Internetverzeichnis

Arbeits-abc (Arbeitszeit in Deutschland , 2020): Arbeitszeitgesetz: Gesetzliche Regelungen zur Arbeitszeit in Deutschland <https://arbeits-abc.de/arbeitszeitgesetz-gesetzliche-regelungen-zur-arbeitszeit-in-deutschland/> (keine Datumsangabe) [Zugriff 2020-03-24]

Astheimer, Sven (Vertrauen, 2012): Vertrauen ist gut, Kontrolle macht Arbeit, <https://www.faz.net/aktuell/karriere-hochschule/arbeitszeitmodelle-vertrauen-ist-gut-kontrolle-macht-arbeit-11626344.html> (2012-01-26) [Zugriff 2020-03-12]

Bundesministerium für Arbeit und Soziales (Pflegezeit, 2015): Pflege und Beruf vereinbaren,<https://www.bmas.de/DE/Themen/Arbeitsrecht/Vereinbarkeit-Familie-Pflege-Beruf/vereinbarkeit-familie-pflege-beruf.html> (2015-01-13) [Zugriff 2020-03-25]

Deutsche Handwerkszeitung (Feste Arbeitszeiten, 2011): Feste Arbeitszeiten in Deutschland immer noch üblich, <https://www.deutsche-handwerks-zeitung.de/feste-arbeitszeiten-in-deutschland-immer-noch-ueblich/150/3099/117787> (2011-03-06) [Zugriff 2020-04-26]

Frik, Roman (Tarifvertrag Arbeitszeit, o. J.): Tarifvertrag, Inhalt / 3.1.2 Arbeitszeit, <https://www.haufe.de/personal/haufe-personal-office-platin/tarifvertrag-inhalt-312-arbeitszeit_idesk_PI42323_HI568349.html> (keine Datumsangabe) [Zugriff 2020-03-26]

Gajek, Katja (Flexible Arbeitszeiten gebrauchen, 2018): Generation Y: Warum wir flexible Arbeitszeiten brauchen, <https://www.desired.de/karriere/generation-y-warum-wir-flexible-arbeitszeiten-brauchen/> (2018-03-21) [Zugriff 2020-02-14]

Gründerszene (Betriebsrat, o. J.): Betriebsrat, <https://www.gruenderszene.de/lexikon/begriffe/betriebsrat> (keine Datumsangabe) �Zugriff 2020-03-26�

Haufe (Befristete Teilzeit, 2019): Wie ist die Brückenteilzeit rechtlich geregelt?, <https://www.haufe.de/personal/arbeitsrecht/gesetz-zur-befristeten-teilzeit_76_413146.html> (2019-12-06) [Zugriff 2020-05-05]

Institut der deutschen Wirtschaft (Flexibel handhaben, 2014): Flexibel handhaben, <https://www.iwd.de/artikel/flexibel-handhaben-170635/> (2014-07-03) �Zugriff 2020-03-24�

Randstad (Grenzen verschmelzen, 2020): Randstad Arbeitsbarometer Q2/2015 zum Thema Work-Life-Blending /Grenzen verschmelzen, <https://www.presseportal.de/pm/13588/3078741> (2015-07-23) [Zugriff 2020-05-04]

Randstad (Urlaub, 2017): Jeder dritte Arbeitnehmer ist auch im Urlaub für den Chef erreichbar, <https://www.randstad.de/ueber-randstad/news/20170810/jeder-dritte-arbeitnehmer-ist-auch-im-urlaub-fuer-den-chef-erreichbar> (2017-08-10) [Zugriff 2020-05-04]

Schmidt, Matthias (Arbeitspensum, 2015): Mehrheit: Fünf-Tage-Woche ist ideal, <https://yougov.de/news/2015/10/17/mehrheit-funf-tage-woche-ist-ideal//> (2015-10-17) �Zugriff 2020-05-04�

Specht, Frank (Systematisch erfassen, 2019): Pflicht zur Arbeitszeiterfassung – Vertrauensarbeitszeit in bisheriger Form nicht mehr möglich <https://www.handelsblatt.com/politik/international/eugh-urteil-pflicht-zur-arbeitszeiterfassung-vertrauensarbeitszeit-in-bisheriger-form-nicht-mehr-moeglich/24339534.html> (2019-05-14) [Zugriff 2020-03-13]

- (Zwölf-Stunden Arbeitstag, 2020): Bundesregierung ermöglicht während der Coronakrise Zwölf-Stunden-Arbeitstage, <https://www.handels-blatt.com/politik/deutschland/arbeitszeitgesetz-bundesregierung-er-moeglicht-waehrend-der-coronakrise-zwoelf-stunden-arbeits-tage/25719606.html?ticket=ST-4565874-Flp4ES5iq0gA1951cOPe-ap5> (2020-06-04) ⬚Zugriff 2020-05-18⬚

Splendid Research (Verbreitung der Flexibilität, 2018): Studie: Flexibles Arbei-ten weit verbreitet, <https://www.splendid-research.com/de/statisti-ken/item/studie-arbeitgeber-attraktivitaet-generation-y-generation-x-fle-xibilitaet.html> (2018-08-21) [Zugriff 2020-04-10]

Statista (Attraktivität von Gleitzeit, 2017): Finden Sie persönlich ein Arbeits-zeitmodell mit Gleitzeit attraktiv?, <https://de.statista.com/progno-sen/1016601/umfrage-in-deutschland-zur-attraktivitaet-von-gleitender-arbeitszeit-gleitzeit> (2017-08-1) [Zugriff 2020-04-14]